Filosofia da Educação

Conselho da coleção
José Sérgio Fonseca de Carvalho
Magda Soares
Marlucy Alves Paraíso
Rildo Cosson

Proibida a reprodução total ou parcial em qualquer mídia
sem a autorização escrita da editora.
Os infratores estão sujeitos às penas da lei.

A Editora não é responsável pelo conteúdo deste livro.
O Autor conhece os fatos narrados, pelos quais é responsável,
assim como se responsabiliza pelos juízos emitidos.

Consulte nosso catálogo completo e últimos lançamentos em **www.editoracontexto.com.br**.

Ronai Rocha

Filosofia da Educação

Copyright © 2022 do Autor

Todos os direitos desta edição reservados à
Editora Contexto (Editora Pinsky Ltda.)

Foto de capa
Adam Winger/Unsplash

Montagem de capa e diagramação
Gustavo S. Vilas Boas

Preparação de textos
Lilian Aquino

Revisão
Mariana Carvalho Teixeira

Dados Internacionais de Catalogação na Publicação (CIP)

Rocha, Ronai
Filosofia da Educação / Ronai Rocha. – São Paulo :
Contexto, 2022.
160 p. : il.

Bibliografia
ISBN 978-65-5541-171-3

1. Educação – Filosofia 2. Didática I. Título

22-1721   CDD 370.1

Angélica Ilacqua – Bibliotecária – CRB-8/7057

Índice para catálogo sistemático:
1. Educação – Filosofia

2022

EDITORA CONTEXTO
Diretor editorial: *Jaime Pinsky*

Rua Dr. José Elias, 520 – Alto da Lapa
05083-030 – São Paulo – SP
PABX: (11) 3832 5838
contexto@editoracontexto.com.br
www.editoracontexto.com.br

Sumário

Filosofia e Educação 7

Educação e transformação 23

Os filósofos e o desenvolvimento humano 39

As variedades do conhecimento 53

Os portais simbólicos 71

A Pedagogia 89

Didática 103

A escola 115

Currículo 133

Política 145

Bibliografia 157

O autor 159

Filosofia e Educação

A educação é um assunto fácil e difícil. É fácil porque todos nós sabemos identificar uma pessoa mal-educada. A dificuldade é traduzir em miúdos a nossa compreensão dela. Saber muito, por exemplo, não é sinônimo de educação. *Saber* envolve a relação das pessoas com os conhecimentos. Há quem saiba muito e maltrate os outros. A educação diz respeito às relações entre as pessoas, e fazemos isso como podemos, lidando com o imprevisível. Educamos na condição semelhante a alguém que precisa reformar a casa onde mora e não pode sair dela. Queremos dar boa educação, procuramos fazer boas coisas com o que sabemos, mas nem sempre estamos seguros de saber e fazer isso bem.

Não faz muito tempo que as tabuinhas de madeira – as *palmatórias* – eram usadas na sala de aula, como forma de castigo da criança. Isso ainda acontece em alguns lugares. Uma amiga contou que foi morar, faz poucos anos, em um país do sudeste asiático e pediu matrícula para seu filho em uma escola. A matrícula foi recusada, e a explicação foi que os ocidentais não aceitavam que os professores batessem nas mãos das crianças com uma varinha de castigo. Outra escola concedeu a matrícula e o menino foi feliz nas aulas. No final do ano, na época de retornar ao Brasil, ele pediu para dar um presente de despedida para a professora. "Uma varinha nova", ele disse. "A dela já está muito velhinha." É possível castigo com carinho, ela se perguntou?

É possível chegar a uma boa educação mediante atitudes ríspidas ou por meio de algum tipo de castigo? Há comportamentos da criança que pedem correção. Podemos fazer isso sempre com conversa amigável ou há momentos em que a nossa voz deve ser alterada, que o rosto precisa endurecer? Uma pessoa chega a ser educada por suas próprias forças ou isso depende das interações familiares e sociais dela? As palmatórias desapareceram por aqui, mas persiste o desafio de manter o "controle da classe", como se costuma dizer. Querer o bem de uma criança exige pensar sobre como se chega a ele. Aqui começam alguns problemas: o que é mesmo o *bem* para uma criança? Respeitar uma criança significa deixar que ela decida por ela mesma sobre o que, quando, onde, como, até que ponto?

Alice, aquela das aventuras no País das Maravilhas, disse, para alguém com quem discutia, que as pessoas não *podem fazer que as palavras digam coisas diferentes daquilo que elas significam.* A pessoa reconheceu que *algumas* palavras são muito orgulhosas e que nem sempre é possível fazer com elas o que queremos. Certos verbos são muito orgulhosos, ela admitiu. Quero começar sugerindo isso: "educar" é um dos verbos mais orgulhosos que existe, e, se fosse uma pessoa, seria como aquelas que são, ao mesmo tempo, importantes e simples.

A FILOSOFIA DA EDUCAÇÃO É NECESSÁRIA E FASCINANTE

Quero mostrar a vocês que a Filosofia da Educação é uma área fascinante da Filosofia. Mais do que isso, quero mostrar que a Filosofia da Educação é necessária, não apenas para nós, professores e professoras em formação. Ela é valiosa para todas as pessoas que se envolvem nos processos e nas atividades de transmissão geracional de valores, habilidades e conhecimentos, nas suas mais diversas facetas, no âmbito familiar, escolar, político, social e institucional.

A lista dos temas e problemas da Filosofia da Educação é imensa. Ela inclui questões aparentemente insolúveis, e outras mais bem delimitadas e mais práticas. Para muitos filósofos, a maior questão é o debate sobre os *objetivos* ou *finalidades* da educação. O tema é importante, mas sua abrangência pode ser desanimadora, especialmente quando é apresentado por meio de perguntas como "que tipo de ser humano e de sociedade queremos construir com a educação?". A educação seria um tipo de engenharia social para "construir" uma sociedade? Por aí começa uma conversa interminável sobre o que é "educar".

Vamos examinar essas questões com cuidado. "Educação" é uma expressão que diz respeito, em primeiro lugar, às relações entre uma geração adulta e uma geração de crianças, mas também às relações entre adultos, entre a pessoa e ela mesma, entre as gerações e o conhecimento humano. Ela inclui a busca de sabedoria sobre a arte de discutir esses assuntos, e todas as questões de fundo sobre as relações entre as tradições culturais e as transformações sociais, culturais, cognitivas, éticas, políticas. Neste livro vamos discutir temas centrais e abrangentes, mas também nos ocuparemos com problemas filosóficos mais delimitados.

Uma das inspirações para este livro é uma afirmação de Hannah Arendt: "A educação está entre as atividades mais elementares e necessárias da sociedade humana, que jamais permanece tal qual é, porém se renova continuamente através do nascimento, da vinda de novos seres humanos" (Arendt, 1972: 234). Voltarei a essa formulação, pois ela ajuda a compreender melhor a complexidade e as ambiguidades típicas das conversas filosóficas sobre a educação. Ela nos permite ver melhor as razões pelas quais a Filosofia da Educação é uma disciplina que está sempre se renovando. A Filosofia da Educação procura pensar sobre problemas muito básicos, como os fins da educação, a natureza das aprendizagens e as mudanças nas relações humanas. O modo como vivemos, em certo sentido, é a nossa educação. É por essa razão que os filósofos dizem que, se não temos uma filosofia da educação, não devemos duvidar que *ela tem a gente*.

A dedicação que devemos ter aos problemas filosóficos da educação é uma questão de responsabilidade intelectual e moral da profissão docente, na medida em que vivemos em sociedades de informação e mudança constante. As perguntas e as respostas também se renovam e precisam ser retomadas a cada geração.

PROBLEMAS FILOSÓFICOS NA EDUCAÇÃO

A área de estudos da Filosofia da Educação é ampla. Vamos começar distinguindo dois níveis. Há estudos que procuram descrever e compreender os aspectos universais da educação. São aquelas características da experiência humana presentes na transmissão das habilidades, das técnicas e dos conhecimentos, de geração para geração, ao longo da história. É preciso compreender bem esse núcleo de compromissos pedagógicos que são indiferentes ao contexto histórico; *não há sociedade humana sem transmissão de conhecimentos, e há uma arte nisso*. A Filosofia sugere que há algumas noções centrais e substantivas no pensamento humano, como "causa", "tempo", "espaço", "coisa", "fato", "sociedade" etc. Nessa lista precisamos incluir as capacidades sociais de imitação e ensino que são fundamentais para a transmissão do saber entre as gerações. Nesse nível de estudo temos as discussões sobre a natureza humana, sobre as características básicas do conhecimento, sobre os princípios fundamentais de informação, comunicação, linguagem e socialização humana. Os moradores da caverna de Chauvet, no sul da França, 30 mil anos atrás, eram caçadores, desenhistas e pedagogos, pois transmitiam as habilidades e as artes que dominavam.

O segundo nível de problemas na Filosofia da Educação são os temas que estão ligados a contextos históricos, particulares. Pense aqui em tópicos como a distinção entre o ensino leigo e o ensino religioso. Como podemos conciliar os valores religiosos com os ideais leigos? Deve haver essa conciliação? Até onde vai a autoridade da família e como ela pode ser conciliada com a autoridade da escola? Um sistema escolar nacional deve privilegiar a formação geral ou a formação profissional? Uma outra questão filosófica ligada a uma situação histórica é a dos currículos. Os currículos devem ser nacionais, regionais, municipais, familiares? Quem decide sobre isso e como é feito?

Os limites entre os temas mais gerais (como o debate sobre a plasticidade da natureza humana) e os problemas mais práticos (como o debate sobre os direitos dos pais sobre os filhos) nem sempre são nítidos e precisos. A lista de problemas nos dois níveis é aberta e há temas que transitam entre eles. Um exemplo é a questão da importância das atividades de imitação e treinamento na educação. Há mais: a educação tem finalidades que transcendem o contexto histórico em que está inserida? Podemos aplicar conceitos como "classe social" e "dominação" em eventos pedagógicos que se passam em uma caverna, na pré-história da humanidade? Um conceito como o de "pessoa bem-educada" está sujeito a variações culturais profundas ou possui um núcleo transcultural, cosmopolita?

Com essas perguntas quero ilustrar o que eu disse no começo: sabemos bem o que é a educação até o momento em que surgem questões que exigem maior clareza de expressão. Pense no tema dos direitos das crianças, pense na situação em que precisamos corrigir uma conduta e nos sentimos *inseguros.* Uma parte dessa insegurança é de tipo conceitual. O universo da educação tem muitas dessas dificuldades práticas e conceituais. Podemos nos desviar delas algumas vezes, mas essa estratégia não faz com que desapareçam. As conversas de Filosofia da Educação começaram com a humanidade e seguem sem previsão de terminar.

Há outra questão que devemos enfrentar. A Filosofia da Educação é uma fonte de prescrições e planejamentos? Ela é um estudo de compreensão e descrição ou pode também prescrever e recomendar programas de ação? O problema é difícil e será abordado mais adiante. Agora quero dizer apenas duas coisas. A primeira delas é que, por um lado, o avanço que temos na *compreensão* de um problema inspira as nossas decisões, amplia a nossa visão. De outro lado, a tarefa do filósofo da educação não é a de orientar a prática de pais, mães e governantes. O processo educativo não é nem apenas teórico, nem apenas prático, e não faz sentido pensar que exista *a* teoria da educação. A educação é um processo que acontece em uma região intermediária entre a teoria e a prática. Ela não está baseada em um saber completo e transparente, e tampouco é uma ação cega. A reflexão filosófica pode esclarecer e inspirar, mas ela não prescreve e planeja.

A Filosofia da Educação é uma disciplina delicada porque seu objeto é complexo e nossas capacidades são frágeis. Os processos educativos ocorrem universalmente, mas são soluções históricas concretas, particulares. É difícil descrever um quadro tão amplo e cheio de detalhes. A variedade da experiência educacional é grande, e isso exige cuidados para que a gente possa bem descrevê-la e compreendê-la, especialmente porque o esforço de descrição da experiência humana deve ser acompanhado pelo compromisso ético com a verdade. Não podemos confundir os conceitos com a realidade.

Em uma discussão sobre o exercício da psicanálise, Freud disse que "analisar uma pessoa" era uma tarefa impossível, parecida com "governar" e "educar". A razão dessa impossibilidade profissional era simples e intuitiva. Os professores, bem como os terapeutas e os governantes, não têm como garantir que suas ações cheguem sempre a bons resultados. Freud pensava que o objetivo da educação era orientar e assistir às crianças, oferecendo alguma proteção contra os extravios que a vida reserva. A parte que a escola tem nessa tarefa é importante, mas não deve ser exagerada, pois a vida da criança não acontece apenas em contato com os adultos. Há, entre outros fatores, a própria criança, as outras crianças e as coisas da vida.

A FILOSOFIA É UMA PARADA

Quando vestimos a camiseta da educação, temos que pensar sobre esses temas. Precisamos estar à altura de nossas responsabilidades profissionais, mas precisamos também ter prudência sobre *quando* e *quanto* precisamos de Filosofia da Educação.

Uma comparação com a Medicina e a terapia ajuda. A gente vai ao médico quando precisa. Da mesma forma, devemos vestir a camisa da Filosofia quando precisamos dela. Há situações em que nos sentimos perdidos em nossos pensamentos e não sabemos bem para que lado ir. Uma representação popular da Filosofia é a estátua *O Pensador*, de Rodin: um ser humano imóvel, que parece ocupado em examinar seus pensamentos. A estátua sugere que filosofar é uma espécie de *parada*. Temos que nos retirar do comércio das horas para ter o tempo de pensar em alternativas, imaginar consequências e avaliar conceitos. Para isso, contamos com ferramentas que vieram junto com o nosso aprendizado da língua materna. Elas são muito básicas, mas servem para um começo. Vejamos um exemplo do uso delas.

Sócrates é um dos símbolos da Filosofia. Ele gostava de conversar com amigos e conhecidos e trazia para a roda assuntos que as pessoas nem sempre tinham examinado bem: o que é ser um bom filho? O que é ser leal ou corajoso? A conversa raramente chegava a uma conclusão, mas o resultado compensava, pois o tema ficava mais claro, mais organizado. Em uma dessas situações, um amigo disse que ia processar o pai porque ele era impiedoso. Depois de saber os detalhes, Sócrates levou para a conversa a pergunta sobre, afinal de contas, o que é *mesmo* a piedade?

Essa conversa entre Sócrates e Eutífron é contada por Platão no diálogo *Eutífron*. Eutífron disse que ia processar seu pai porque ele havia feito uma coisa condenável. O pai de Eutífron havia causado, por uma atitude negligente, a morte de um escravo. A preocupação de Sócrates não foi julgar se a decisão de Eutífron de denunciar o pai era certa ou errada. Ele queria saber, antes de mais nada, o que Eutífron entendia por "piedade".

Vamos ver outro exemplo. João diz para Maria que a ama. Uns dias depois ele trata Maria com rudeza, e, alguns dias mais tarde, ele repete a dose. Maria começa a pensar não mais em quem ama quem, mas, afinal de contas, *o que é amar*? O amor é compatível com maus-tratos? "João ama Maria", "meu pai é impiedoso" são frases nas quais afirmamos algo sobre alguém. Quando dizemos que "amar é uma doação contínua" ou "a piedade consiste em respeitar Deus" deixamos de falar sobre pessoas, coisas, instituições, e passamos a falar de *conceitos*.

Desde que aprendemos a língua materna, aprendemos também a diferença entre *falar sobre coisas* e *falar sobre conceitos*. Os primeiros usos que fazemos desse aprendizado são simples. Quando alguém diz uma palavra nova ou quando diz algo e não percebemos qual foi a intenção da pessoa, é normal perguntar: "*o que você quer dizer com isso? Pode repetir?*" Veja que há uma diferença entre falar sobre coisas (ou sobre fatos, pessoas) e falar sobre a própria linguagem. Há várias expressões que usamos para indicar esse mecanismo: "metacognição", "metalinguagem", "atitude teórica". Essas expressões indicam, em algum sentido, a diferença entre *pensar sobre fatos, coisas, processos, eventos*, e *pensar sobre o pensar*.

Quando falamos sobre sonhos e desejos, sobre pão e vinho, pessoas e esperanças, fatos, coisas, eventos, processos, abóboras, carruagens e todas as outras coisas do mundo, fazemos afirmações sobre o mundo. No outro caso, quando nos referimos à própria linguagem, temos como objetivo, por assim dizer, conhecer o conhecimento, e isso inclui a reflexão filosófica. É por essa razão que a Filosofia é uma dimensão da vida humana na qual as crianças entram com facilidade, quase que obrigatoriamente, desde que começam a falar com alguma fluência.

A FILOSOFIA É UMA CONVERSA

A filosofia é um esforço de organização e reorganização de nossas ideias. É uma parada no ritmo da vida, para conversar melhor sobre as dificuldades conceituais que encontramos desde crianças. Sócrates se apresentava como uma espécie de parteiro, e dizia que queria apenas ajudar as pessoas a trazer para a luz do dia ideias que estavam extraviadas.

Vamos comparar mais uma vez o trabalho do filósofo com o do médico ou do terapeuta. Procuramos o médico quando temos um problema de saúde, e isso não acontece todos os dias. A mesma coisa se passa com a filosofia. Não é todo dia que temos dilemas morais ou que enfrentamos paradoxos, ambiguidades e dramas conceituais. A gente faz filosofia quando precisa. E a forma de fazer isso é conversar seriamente. Há conversa fiada, à toa, para passar o tempo, e há conversa pensada, para valer. Há conversas qualificadas. A Filosofia é, simultaneamente, uma *parada* no ritmo da vida, e uma *conversa* calma e qualificada, na qual pesamos as palavras e tentamos argumentar melhor, sem querer simplesmente ganhar uma discussão. Na Filosofia a gente fica exposto ao tempo e ao vento dos argumentos.

O que eu quero dizer aqui é que toda pessoa que fala é capaz de filosofar. A consequência disso é imensa. Voltarei a esse tema mais adiante, quando tratarmos dos aspectos do desenvolvimento humano que incluem o domínio da linguagem e o ingresso no mundo das metáforas. Podemos agora voltar à pergunta: *quando* devemos nos ocupar com Filosofia da Educação? A resposta é simples: sempre que for preciso, sempre que uma situação educacional nos surpreenda.

Vou dar um exemplo. A criança se alimenta com aquilo que lhe dão. Um dia ela olha para a coxa de frango e se pergunta por que *mesmo* deve comer a carne de um animal que a encanta, no quintal da casa. Uns dias depois ela pergunta, durante a refeição, por qual razão *mesmo* a outra criança, na casa vizinha, tem pouca coisa para comer. Vamos ampliar a lista de questões, pensando mais na cena educacional. Onde termina o "conhecimento objetivo" e começa a "doutrinação"? Qual é a diferença entre conhecimento e ideologia? É verdade que tudo é política, incluindo a própria afirmação que tudo é política? Quais são os compromissos civilizatórios que a educação pública deve assumir? Deve existir um sistema público e leigo de educação? Como devem ser tratados temas como a educação religiosa, a inclusão cultural e social, a tolerância, o sexo, o gênero, o respeito à diversidade e dezenas de outros que, pela complexidade inerente a eles, não saem da mesa das conversações?

Precisamos fazer Filosofia da Educação sempre que esses temas sejam relevantes para nós, por alguma causa, motivo ou razão. Isso acontece a todo momento. Não precisamos filosofar todo o tempo, mas devemos, por respeito a nós mesmos, dar à filosofia o tempo que ela precisa, sempre que precisamos dela.

A Filosofia é encontrada nas crianças, a partir da idade em que elas se tornam capazes de manter uma conversa com começo, meio e fim. Esse domínio da linguagem permite que elas prestem atenção, não apenas nas pessoas e nas coisas, mas também nos esquemas de pensamento e de ações que elas usam. Há sempre o dia no qual a criança tropeça em seus pensamentos e conclui que, já que ela é um ser vivo, que teve um começo no tempo, deverá também ter um fim, da mesma forma que os passarinhos e as galinhas no quintal da casa. A criança não se contenta em descobrir sua mortalidade. Ela descobre, com igual espanto, a mortalidade dos que a rodeiam. E, como se isso não bastasse, nessa mesma linha de descobertas, ela se pergunta se esse fim é mesmo o fim de tudo ou se há algo além. O adulto que a escuta pode fazer de conta que não vê esse pequeno sofrimento e tentar desconversar, oferecer a ela uma resposta improvisada e previsível, mas pode também, para sorte da criança, prestar atenção nessa curiosidade e seguir a conversa. Essas dificuldades vão reaparecer na vida da criança em outros momentos e formas. A Filosofia é uma atividade reflexiva que se apresenta com muitos disfarces e acompanha a humanidade no varejo dos dias.

As crianças tropeçam também nas ações, delas e dos outros. Elas comparam suas pequenas experiências de comer, mas também comparam o que os adultos dizem com o que os adultos fazem, e assim aprendem sobre a moralidade humana e a falta dela.

ATACADO E VAREJO NA FILOSOFIA

Há versões da Filosofia que oferecem ideias por atacado, em grandes partidas: há teorias da educação, da história, da sociedade, teorias sobre teorias. Algumas vezes as teorias brigam entre si. Há quem diga, por exemplo, que o ensino deve ser baseado nos sentidos, nas experiências e no prazer do aprendizado. Há quem defenda uma maior importância para o sofrimento e a disciplina. As palavras-chave de alguns teóricos são libertação e emancipação, mas há outros que dizem que a educação começa mais modestamente, com as imitações, com a formação de hábitos. Nesse momento devemos abrir nossa caixa de ferramentas e fazer perguntas inspiradas no estilo de Sócrates: o que quer dizer isso, que a educação é emancipação? Por acaso isso significa que a criança não precisa treinar umas quantas coisas, por meio de repetições e correções? Por acaso isso quer dizer que a criança não deve ser induzida a repetir certos comportamentos e a evitar outros? Não é evidente que certos comportamentos devem ser incentivados e outros devem ser desencorajados? Por quais meios incentivamos as práticas morais que consideramos adequadas, como a de não faltar ao respeito para com os demais? Sócrates fazia seu trabalho no varejo da vida e não poupava de seu interrogatório aqueles que apresentavam ideias muito afastadas da realidade.

A Filosofia, nessa versão pedestre e socrática, pode ser considerada a conversa interminável que precisamos ter sobre os aspectos estruturantes da vida humana. Essa conversa cuidadosa diz respeito *ao funcionamento e à manutenção dos meios* de nossa compreensão e ação: a linguagem, os conceitos, os acordos culturais e sociais, a memória afetiva e cognitiva.

Qualquer *meio* precisa de manutenção: a faca deve ser afiada depois de um certo tempo de uso, a casa precisa de limpeza a cada tanto de dias. O que quero destacar aqui é que qualquer *coisa* pode ser um *meio* ou um *fim*. Queremos uma faca apenas para aumentar a coleção, a casa própria é um sonho de vida. De forma semelhante, a linguagem, os acordos culturais e sociais e os conhecimentos acumulados são *meios* que temos para tocar a vida, mas não são meras *coisas*. São também tesouros que precisamos manter e melhorar, e que, em certas circunstâncias, se transformam em miçangas e enfeites. Assim, os cuidados da Filosofia incluem o dever que ela tem de cuidar de si mesma. As ideias e as teorias às vezes são usadas como feitiços e adornos.

Os aspectos estruturantes e essenciais da vida humana são poucos. O filósofo Immanuel Kant sugeriu que eles se agrupam em torno de perguntas sobre *o que podemos saber, o que devemos fazer, o que podemos esperar*. Essas perguntas sugerem um programa de reflexão sobre as nossas capacidades de conhecimento, sobre a moralidade e sobre a religião. Elas se resumem na pergunta sobre *o que somos nós, os seres humanos*, especialmente quando nos comparamos com as pedras, as plantas, os animais. Parece fácil entender o que são as pedras. Elas ficam paradas e isso facilita o exame delas. As plantas também não oferecem grandes dificuldades, pois elas ficam ali, *quase* paradas, todo o tempo. Já com os bichos surgem complicações. Eles pulam, correm, voam, picam. Alguns, como cachorros e vacas, conversamos com eles, matamos, assamos e comemos. Mas chega o momento no qual nosso desejo é entender o quadro geral da coisa toda; o que somos nós, comparados com as pedras, as plantas e os animais? Depois de alguns milênios de reflexão, todas as respostas que temos sobre essas grandes perguntas são poucas, provisórias e humildes. O que mais importa aqui é cuidar bem de *como* pensamos sobre aquilo que nos importa pensar e falar.

Eu comecei dizendo que a Filosofia da Educação, mais do que uma disciplina acadêmica, é uma conversa secular sobre os aspectos fundamentais da experiência formativa humana. É bem verdade que a conhecemos como uma tradição que começa na Grécia, com Sócrates, Platão e Aristóteles, e vem até as mais diversas correntes contemporâneas. Mas ela está presente, de forma mais ou menos explícita, em todas as tradições culturais, nos textos sapienciais, religiosos e literários. Cada geração precisa retomar essa conversação, pois a experiência acumulada recebe sempre o impacto dos desafios que resultam das novas realizações políticas, sociais, tecnológicas e espirituais.

Uma boa conversa exige uma parada. Ela nos permite pensar um pouco mais e nos dá a chance de agir melhor. Sócrates não parava as pessoas na rua para dizer a elas o que deveriam fazer, mas queria que pensassem melhor sobre seus pensamentos e ações. Há outras formas, não socráticas, de compreender a Filosofia. Há quem entenda que o filósofo deve propor *teorias* sobre a educação e a sociedade, por exemplo. Mas o filósofo não é um cientista que cria experimentos, reúne dados, faz tratamentos estatísticos e propõe teorias. O filósofo explicita conhecimentos, sugere mudanças no modo de ver as coisas, suscita perguntas. Essas habilidades são poucas e frágeis e isso deve ser um lembrete para o comedimento. A fragilidade não é um defeito, como nos lembra os fabricantes de cristal.

Vamos fazer uma comparação entre Jean-Jacques Rousseau e Isaac Newton. Newton queria explicar alguns aspectos do funcionamento do mundo, porque estava convencido de que tinha chegado a uma melhor compreensão de certos fenômenos do mundo físico.

Rousseau, depois de muito ler e pensar sobre o comportamento humano, queria expor suas ideias, queria conversar e convencer as pessoas a educar as crianças de outra maneira.

Newton tinha teorias para explicar o funcionamento do mundo. Ele pertencia à tradição de pensamento de cientistas como Arquimedes, Galileu Galilei e Johannes Kepler, explicadores do mundo físico e astronômico.

A visão de Rousseau sobre a educação pertence a uma tradição de conversas entre pedagogos e filósofos, como Locke e Comenius, explicadores de gente e de situações sobre as quais praticamente todas as pessoas estão interessadas, como a educação das crianças. O *Emílio* de Rousseau é um experimento de pensamento, no qual ele expõe o que pensa sobre o que é o ser humano e como deveríamos criar nossos filhos. As sugestões dele, no entanto, são apenas o que são: crenças mais ou menos informadas, pensamentos mais ou menos entretidos, ideias mais ou menos qualificadas; nenhuma delas é a conclusão de um longo estudo de caso; elas visam, no final, propor ações também imaginárias.

Kepler, Galileu e Newton não queriam propor ações. O objetivo principal deles era o de descrever melhor certos estados de coisas. Se eles convencessem alguém sobre a verdade do que estavam dizendo, tanto melhor. Rousseau, ao contrário, queria inspirar uma outra visão sobre as crianças e a educação delas e teve muito sucesso na empreitada, mas isso não faz do *Emílio* um livro de regras de ação. *Emílio* é uma visão.

EXISTE UMA TEORIA DA EDUCAÇÃO?

Essa forma de pensar sobre a Filosofia tem consequências importantes para os temas que tratarei neste livro. A mais importante delas é que não haverá aqui a defesa de uma teoria da educação, pela simples razão de que *não existe teoria da educação,* a não ser como uma licença de expressão. Há teorias que são propostas para explicar a evolução humana, a combustão, as placas tectônicas, a relatividade especial e geral, o *big bang*, a lei da gravitação universal, as leis da termodinâmica, o heliocentrismo, a luz, as células. Há teorias na Psicologia, na Biologia, na Física. As teorias são, por assim dizer, esforços de exploração e explicação de aspectos da realidade que estão sujeitos a pesquisas empíricas e validação. A educação não é um aspecto *particular* da realidade, mas sim um enorme conglomerado de processos de formação geracional, com dezenas de aspectos.

Mas, vocês dirão, não se fala na teoria da educação de Rousseau ou de Piaget? Sim, há usos como esses, mas são casos de licença de expressão, que indicam apenas a visão de Rousseau, de Marx ou de Maria Montessori sobre educação. Nesse sentido, há dezenas de "teorias da educação", e nenhuma delas, na qualidade de *visão*, é melhor ou pior do que a outra; há ouro nelas, no entanto, quando, em meio a visões, sonhos e prescrições, encontramos descrições realistas, que resistem ao desgaste do tempo. As teorias genuínas visam *explicar* algum fenômeno ou aspecto peculiar da realidade, e não é disso que se trata esse imenso campo. É inegável que a área da educação muito se beneficia de estudos de Neurologia, Biologia, Psicologia, Sociologia e, nessas disciplinas, há, sim, teorias. O que estou dizendo é que é inútil procurar pela *teoria da educação*. "Educação" indica um enorme conjunto de ações e processos, relações, métodos, treinamentos, conhecimentos, desenvolvimentos, e somente podemos falar na "teoria de fulano sobre educação" porque essa palavra, "teoria", no seu sentido mais informal, quer dizer "visão". Podemos ter uma teoria sobre a educação ou sobre o carnaval, mas isso é apenas outro modo de dizer que temos opiniões sobre muitas coisas. Opinião, no entanto, não é informação ou conhecimento.

Há assuntos que naturalmente se prestam para polêmicas e divergências. Quando estamos no âmbito de uma discussão sobre religião, surgem questões complicadas. Por exemplo, se a religiosidade humana necessariamente implica um deus. As religiões teístas entendem que sim, e discutem a natureza dele. Se Deus é bom, como pode haver o mal e o sofrimento no mundo, pergunta-se. Quando estamos no campo dos estudos linguísticos, nos vemos às voltas com algumas questões fundamentais, por exemplo, como é que, com tão pouco estímulo e variação de aprendizado, uma criança adquire logo cedo na vida a capacidade de dizer coisas novas todos os dias? Há algum dispositivo inato em nós ou tudo é uma questão de aprendizado por estímulos e contato? Na Matemática há também questões básicas, como a natureza dos números. Eles são criados ou descobertos? Essas questões fundamentais, no entanto, não nos impedem de ter boas crenças religiosas e exercer a piedade, de falar sem parar e fazer contas corretamente. Desde a infância aprendemos a conviver com certas ignorâncias. Não saber algo é apenas uma parte da condição humana, e não um impedimento para seguir no jogo da vida. Cada pai, cada mãe, cada educador, faz o que pode com aquilo que sabe. Sabemos pouco e fragilmente sobre educação, não temos teorias definitivas sobre ela, mas quando conseguimos organizar melhor e de forma realista o pouco que sabemos, isso é muito e bom. A fragilidade do saber nas humanidades não deve nos abater.

As pessoas que ocupam posições importantes no processo educacional pertencem à comunidade dos usuários de uma língua natural. Essa comunidade é, ao mesmo tempo, real e imaginária. Ela é real porque somos falantes da língua portuguesa, mas é imaginária porque a língua portuguesa, como qualquer outra língua natural, tem uma parte passada e passiva e uma parte presente e viva. Herdamos os conceitos que usamos, mas, lentamente, as gerações introduzem mudanças em alguns deles. Herdamos não apenas os conceitos, portanto, mas também um sentido de cuidado com o uso de deles. Estamos expostos a situações nas quais ocorrem generalizações indevidas, vaguezas propositais, ambiguidades calculadas, metáforas pouco apropriadas, pequenas disfuncionalidades de comunicação. Precisamos saber lidar com essas situações. Nosso domínio dos conceitos, a partir de certa idade linguística, inclui não apenas a capacidade de aplicá-los, mas também a de pensar melhor sobre eles. A Filosofia, nessa visão, faz parte dos recursos que temos para pensar melhor.

Textos complementares

A linguagem e o esforço humano (Clarice Lispector)

> A realidade é a matéria-prima, a linguagem é o modo como vou buscá-la – e como não acho. Mas é do buscar e não achar que nasce o que eu não conhecia, e que instantaneamente reconheço. A linguagem é meu esforço humano. Por destino tenho que ir buscar e por destino volto com as mãos vazias. Mas – volto com o indizível. O indizível só me poderá ser dado através do fracasso da minha linguagem. Só quando falha a construção, é que obtenho o que ela não conseguiu. (1986: 172)

Quem pode educar (Cecília Meireles)

Quem trabalha com essa honestidade profissional que lhe está sempre pondo em evidência o tamanho de sua responsabilidade profissional sabe que educar é problema grave e difícil. Rainer Maria Rilke já o diz: "Educar? Quem pode pensar em semelhante coisa? Quem existe, no mundo, capaz de missão de tal ordem?" E, na verdade, o que fazemos são tentativas: tentativas para encaminhar as crianças, da sua condição de crianças à de homens, sem lhes perturbarmos as possibilidades, libertando-as todos os dias do jugo das circunstâncias que poderiam impedir uma perfeita evolução. (2017, v. 3: 108)

Pedagogia e Medicina (Cornelius Castoriadis)

Educar uma criança (quer como pai ou como pedagogo), pode ser feito com uma consciência e uma lucidez mais ou menos grandes, mas é por definição impossível que isso possa ser feito a partir de uma elucidação total do ser da criança e da relação pedagógica. Quando um médico ou, melhor ainda, um analista inicia um tratamento, pensamos em pedir-lhe que, previamente, enquadre seu paciente em conceitos, que trace os diagramas de suas estruturas conflitantes, o desenvolvimento *sem variações* do tratamento? Aqui, como no caso do pedagogo, trata-se de algo bem diferente de uma ignorância provisória ou de um silencio "terapêutico". A doença e o doente não são duas coisas, uma contendo a outra (assim como o futuro da criança não é uma coisa contida na coisa criança) cujas essências e relações recíprocas poderíamos definir, sob a condição de investigação mais completa; ela é uma maneira de ser do doente, cuja vida inteira, passada e também futura, está em jogo [...]. O essencial do tratamento, assim como o essencial da educação, corresponde à própria relação que se irá estabelecer entre o paciente e o médico, ou entre a criança e o adulto, e à evolução desta relação, que depende do que um e outro farão. Nem ao pedagogo, nem ao médico pede-se uma teoria completa de sua atividade, que aliás eles seriam incapazes de fornecer. Não diremos por isso que se trate de atividades cegas, que educar uma criança ou tratar um doente seja jogar na roleta. (1982: 92)

Educação e transformação

Temos agora uma noção do que é possível fazer com a caixa de ferramentas da Filosofia. Vamos avançar um pouco mais na investigação do conceito de educação. O que queremos dizer com expressões como "boa (má) educação"? "Bom" e "mau" significam apenas "bom *para mim*", "mau do *meu* ponto de vista"? Quando elogiamos uma pessoa, dizendo que ela tem "boa educação", dizemos somente que nos agrada a forma como a pessoa se comporta?

É fácil ver que não pode ser apenas isso. "Bom" é também uma palavra normativa, que usamos para avaliar situações objetivas. Um bom par de sapatos não deve machucar os pés; um bom médico deve estar atualizado em sua área; uma boa pessoa não deve fazer para as outras aquilo que não quer para ela. Por mais que seja difícil definir esses usos de "bom", podemos ver que quando usamos a palavra "bom" em sentido de avaliação, estamos deixando implícito algo mais do que simplesmente "bom para mim", pois há uma certa norma ou padrão de "bom" que vai além do gosto pessoal: o bom par de sapatos não deve estragar na primeira caminhada, o bom médico não deve recomendar remédios ineficazes, a boa pessoa entende o ditado popular, quem corta o bolo não deve ser o primeiro a escolher a fatia. "Bom", nesse sentido, não é uma questão de preferência subjetiva. "Bom" é um conceito normativo e isso significa que existe algum padrão comum de avaliação entre as pessoas. Há outros conceitos normativos importantes na filosofia da educação, a começar pelo próprio conceito de "educação".

Em resumo, quando dizemos que uma determinada ação é boa damos a entender que a pessoa se comporta de acordo com padrões que estão além daquilo que nos agrada. Para entender melhor isso, vamos imaginar uma escada de dois degraus. Quando estamos no primeiro degrau, dizemos "eu gosto" ou "eu não gosto", sobre uma fruta, por exemplo. Quando subimos o segundo degrau, dizemos "esta fruta *é boa*". No primeiro degrau importa apenas se a fruta nos dá algum prazer, que gostamos dela do jeito que está, meio verde ou meio madura demais. No segundo degrau, estamos dizendo mais. No segundo degrau, não importa se gostamos ou não, mas sim se a fruta está de acordo com seus padrões de *desenvolvimento*.

Imagine aqui a pessoa que trabalha em uma empresa de beneficiamento de café, fazendo a prova da bebida. Ela não precisa gostar de café para *desenvolver* as habilidades de discriminação e degustação, para *aprender* os critérios de uma boa fruta de café. Quando dizemos que a safra de café está boa, nosso gosto pessoal não está em jogo. Há critérios objetivos para isso, que são reconhecidos mediante a inspeção dos especialistas. Nesse caso, como dizem os filósofos, há uma pretensão de validade objetiva. É assim que as coisas se passam com o cultivo do café.

E com a educação? Tudo é uma questão de preferência pessoal e subjetiva ou também podemos falar em "boa educação" com uma pretensão de validade objetiva? Como seria essa objetividade?

O PRIMEIRO DEGRAU: DESCREVER "EDUCAÇÃO"

"Educar", como vimos, é um verbo orgulhoso, no qual não podemos mandar de qualquer jeito. Uma boa definição de educação enriquece os usos que já fazemos dessa expressão, mas dificilmente pode contradizê-los. Seria muito estranho que alguém começasse a falar em educação dos animais, por exemplo. Educamos pessoas, educamos a nós mesmos, mas não os cães e os gatos, que apenas podem ser treinados. Conceitos como "cultura", "crença" "conhecimento", "informação", "valores" também são expressões comuns, que usamos com facilidade, mas que nem sempre sabemos definir. O entendimento desses conceitos fica ainda mais difícil se desprezamos o fato de que eles possuem usos comuns, aos quais não podemos dar as costas. Não mandamos nas significações. De nada adianta alguém dizer que "educar" é ensinar alguém a ser mau. Não podemos fazer *bullying* com as palavras. Uma *definição* de "educação" supõe uma boa *descrição* dela. Veremos que educar é um conceito *normativo*, isto é, um conceito que supõe certo ideal a ser alcançado.

Volto aqui ao que disse no começo. O conceito de educação não está essencialmente ligado ao domínio de conhecimentos ou aprendizados complexos, em especial àqueles das culturas letradas. A educação, no seu nível mais básico, diz respeito às formas de relacionamento entre as pessoas, do olho para o olho, da boca para o ouvido. Os aprendizados complexos nos remetem para a relação da pessoa com conhecimentos. (Ong, 2002a: 99). Não é correto pensar que a educação, no seu sentido mais amplo, está ligada ao mundo da escrita e dos livros. Isso é equivocado, pois equivale a dizer que os analfabetos e os povos primitivos são desprovidos de educação. É por isso que precisamos fazer essa distinção entre o conceito de educação, em sentido amplo, e o conceito de aprendizagens complexas, ligadas ao letramento.

Se é verdade que não temos uma definição única e precisa de educação, há, ao menos, alguns usos comuns dessa expressão que podem nos orientar. Ninguém quer mal educar seus filhos. Veja que temos esse ponto de partida: "educar" é um verbo que tem implicações normativas *e* morais. Nem tudo que é normativo é moral. As normas para a confecção de um bom sapato são técnicas, pois dizem respeito ao manuseio de uma coisa. As normas para uma boa educação são de natureza moral, pois dizem respeito aos cuidados que devemos ter com a formação de pessoas.

Neste livro estamos procurando nos situar no ponto de vista de alguém que está em sala de aula e quer fazer uma parada no trabalho para conversar sobre o conceito de educação. Foi por isso que começamos com o possível constrangimento diante da dificuldade de se dizer, em poucas palavras: o que é educação? Isso nos levou a alguns esclarecimentos e distinções, que retomaremos aos poucos.

Vamos lembrar os principais aspectos que já vimos. A dificuldade de conceituar a educação começa com o fato de que estamos falando de uma atividade social básica. Há uma palavra boa para usar aqui: "ubiquidade". Ela indica que uma coisa ou pessoa está presente em *todos* os lugares ao mesmo tempo. Aprendemos esse conceito quando fazemos formação religiosa, pois ele designa a capacidade de um Deus estar presente em toda a parte, e isso é, ao mesmo tempo, misterioso e assustador. Há mistério e susto no campo da educação. Ela é *ubíqua* e contínua. O *ser humano* tem uma individualidade biológica, a *pessoa* é uma espécie de instituição, e é na educação que seres humanos transformam-se em pessoas.

NEM TEORIA, NEM PRÁTICA

Hannah Arendt disse, como vimos, que a educação é uma atividade elementar e necessária, e que o surgimento de seres humanos no mundo faz da educação um processo que se renova continuamente. Isso é assim porque a nossa pessoalidade não é um fato da natureza. Voltarei a isso mais adiante. Agora quero apenas acrescentar que o fato de a educação ser elementar, ubíqua e processual nos impede de pensar que ela é uma questão *ou* de teoria *ou* de prática. Aqui as palavras parecem falhar. O importante é perceber que aquilo que fazemos com as crianças é sempre um tipo de prática *informada*, isto é, guiada pelo saber que as pessoas dispõem. Foi por isso que eu disse que não há *a* teoria da educação. Há visões, enfoques, e, na medida em que alguns aspectos da educação são bem particulares, pode até mesmo haver *teorias*. Mas antes de tudo há a urgência e a prática da vida que se renova. Neste livro estamos nos inspirando na valorização da *natalidade*, como o fez Hannah Arendt. Foi por isso que enfatizamos, em primeiro lugar, as urgências derivadas da dimensão geracional da educação.

AS ATIVIDADES ORGANIZADAS

A experiência humana tem muitas faces. Os filósofos dizem que temos *relações com o mundo, relações com outras pessoas* e *relações com nós mesmos*.

Essas relações, por mais que se misturem, são separáveis umas das outras. A gente se relaciona com o mundo de muitas formas: vestindo, comendo, cheirando, tocando, olhando, serrando, conhecendo o mundo. Veja que nesses casos há um objeto tridimensional correspondente. Vestimos uma roupa, comemos um alimento, serramos uma madeira. A relação com outras pessoas é intrigante e paradoxal, pois a outra pessoa é outro *eu*. Se eu trato alguém como uma coisa, isso me rebaixa também, não? A relação que temos com a gente mesmo também é muito intrigante. Quem é mesmo essa pessoa com quem conversamos tanto, todos os dias, *eu mesmo*? Alguns psicólogos, como Henri Wallon (1879-1962), sugerem que ela é o nosso sócio majoritário, com quem temos longas conversas e acertos de contas. Temos relações com esse outro eu que é a gente mesmo, mas também com nossa corporalidade, com a imagem que temos dela, com a forma como nosso corpo se comporta no mundo e nas relações com os outros e aí por diante. Cada um de nós é muitos. Há uma multidão dentro da gente, como já foi dito na poesia.

As relações que temos com o mundo, com as pessoas e com a gente mesmo acontecem de muitas formas e algumas delas dependem de capacidades linguísticas e da imaginação. Certas emoções primárias, como o medo ligado ao som do trovão, não dependem da linguagem, mas isso não se aplica na parte mais significativa da nossa vida afetiva, que é fortemente ligada aos símbolos. Quando nos colocamos no ponto de vista da vida de um bebê, tudo muda. Desde que nascemos e durante muito tempo, é preciso que alguém *cuide* nós, que nos alcance pedaços do mundo, na forma de roupa, bebida, comida. O modo como isso acontece varia, mas há um aspecto essencial: há sempre saberes implícitos e explícitos que organizam essas formas de socialização. A Filosofia da Educação ocupa-se também com a compreensão do modo de funcionamento dessas formas de organização humana. É por isso que é recomendável vê-la, em uma primeira aproximação, não como o estudo dessa ou daquela teoria, mas como o estudo das *atividades e formas de organização do comportamento humano que asseguram, instável e renovadamente, a continuidade das habilidades, conhecimentos e valores, de geração para geração.*

A EDUCAÇÃO PELAS PARTES

Quais são essas atividades e formas de organização do comportamento humano na educação? Para apresentar esse ponto vou lembrar a definição de educação oferecida por Kant. No começo de um pequeno livro chamado *Pedagogia*, ele disse que "o homem é a única criatura que precisa ser educada". E, na sequência, ele acrescentou que "por educação entende-se o *cuidado* de sua infância (a *conservação*, o *trato*), a *disciplina* e a *instrução* com a *formação*" (Kant, 1996: 11, grifos nossos). Com essa frase, ele desmembrou uma coisa complexa, a educação, em partes menores e manuseáveis. Com essa estratégia surgiu uma agenda de discussão sobre o que é a infância e o desenvolvimento humano e sobre o que devemos entender por cuidado, conservação, trato, disciplina, sobre a diferença entre instruir e formar.

Kant disse que a arte de educar é dificílima e controversa, e isso sugere que a arte de *entender* a educação pode ser ainda mais difícil. É mais fácil fazer isso por partes.

A estratégia de Kant considera o tópico "educação" uma espécie de guarda-chuva que abriga atividades mais facilmente definíveis, como *cuidado, trato, conservação, disciplina, instrução e formação.* Esses tópicos têm abrangência menor e dão materialidade e visibilidade ao conceito maior, "educação". Eu penso que esse procedimento de Kant é reconfortante, do ponto de vista do exercício da profissão do educador. Vamos pensar em alguém que se dedica a ensinar crianças, mas que não se considera capaz de definir educação. O que haveria de errado nisso? Por acaso o sucesso dela depende disso? É evidente que não. O êxito profissional da professora está nas habilidades de bom *trato* e de boa *instrução* das crianças. Voltarei a esse exemplo no próximo capítulo.

Cuidar, tratar, conservar, disciplinar, instruir e formar, diz Kant, são partes da arte que praticamos para que um ser humano receba educação de outros, que recebem de outros e assim por diante, em um movimento contínuo de realimentação e reorganização: "os conhecimentos humanos dependem da educação e a educação depende dos conhecimentos humanos" (Kant, 1996: 20). Ele propõe que adotemos como começo de compreensão do fenômeno educacional uma visão panorâmica, que leve em conta a responsabilidade que uma geração tem com as demais. Sua lista de artes de cuidado pode ser ampliada, corrigida, melhorada. Por outro lado, esse desmembramento do conceito de educação em partes menores é uma espécie de ferramenta para lidar com a dificuldade de se falar de educação "em geral". Os conceitos são como redes, se as malhas forem muito grandes, só caem nelas os peixes graúdos. A nossa vida profissional acontece no meio da gente miúda. O uso de grandes conceitos em lugares pequenos deve ser comedido, para que eles não desloquem os conceitos menores que precisamos para o trabalho com a criançada.

Quando Kant diz que "por educação entende-se cuidado, trato, disciplina", ele se vale de uma propriedade dos conceitos. Eles são instrumentos de classificação. Desde criança aprendemos a fazer o que Kant fez, quando entendemos a diferença entre "banana" e "fruta", a saber, que toda banana é fruta, mas nem toda fruta é banana – e assim, quando queremos comer bananas, devemos pedir "bananas". A abrangência de "fruta" é maior do que a abrangência de "banana". A criança está aprendendo a organizar coisas em *classes* de coisas. Ela organiza uma sequência que pode ser esta: maçã, fruta, vegetal, alimento. Estamos fazendo algo parecido com o conceito de educação – se algo é educação, esse algo é cuidado, trato, disciplina. Os conceitos são classificadores e, nesse sentido, o aprendizado da linguagem é uma aprendizagem de organização.

O mesmo procedimento é invariavelmente encontrado na maioria das definições nas quais a expressão "educação" é trocada em miúdos: treinamento de habilidades, aquisição de competências e conhecimentos, formação do caráter, cultivo de sensibilidade. David Winnicott faz algo parecido quando fala sobre educação. Uma das caracterizações que ele dá é esta: "Educação significa sanções e implantação dos valores sociais ou dos pais à parte do crescimento e amadurecimento próprios da criança" (Winnicott, 1983: 94). Veja que ele também recorreu a classes de ações mais específicas, como "sancionar" e "implantar".

EDUCAÇÃO, FORMAL E INFORMAL

Lembro aqui o dito de Hannah Arendt: a educação é uma atividade elementar e necessária. Vamos partir dessa afirmação para examinar uma distinção tradicional, entre atividades educacionais *informais* e *formais*. Há outras classificações. Há quem prefira falar em educação *familiar*, educação *difusa* e educação *institucionalizada* (Bourdieu e Passeron, 2008: 26), mas isso pode sugerir que a família não é uma instituição. Não vou usar nesse momento a distinção entre "não escolar" e "escolar", pois a escola é uma instituição tardia, do ponto de vista arendtiano.

Vou levar em conta aqui algumas observações do filósofo Alva Noë sobre as características de atividades humanas básicas, como amamentar, vestir-se e comer. Vou ligar as observações dele com a frase de Hannah Arendt para dizer algo trivial e surpreendente: as atividades humanas básicas, elementares, são *organizadas*. Hannah Arendt fala em natalidade e Alva Noë fala em amamentação.

Poucas coisas são mais elementares do que nascer e mamar, poucas podem ser mais complicadas. A natalidade, diz Arendt, é uma categoria central no pensamento político, já que ela é uma condição para a existência humana. Nascer, no entanto, traz junto a possibilidade da morte na hora seguinte se não nos cuidam adequadamente. Veja como o cuidado aparece aqui, mesmo sem ser chamado. Se nascer é complicado, mamar não fica atrás. A criança não mama sem o seio ou a mamadeira, e é preciso o leite. Com essas coisas envolvidas, um bebê, uma pessoa, um líquido, é necessária alguma organização. O bebê – vou chamá-lo de Julieta – precisa ser segurado de determinada maneira, em certo ângulo; o leite deve estar no ponto e na ponta; o seio deve estar na posição adequada; as atenções têm que convergir para uma espécie de acordo tácito. A mamada começa. Os movimentos e os tempos de cada um, as iniciativas, são negociados, quase sempre com delicadeza, por vezes com estranhamento.

Quando dizemos que algo é básico, elementar, necessário, na vida humana, isso não quer dizer que não seja organizado, complexo, como mostra o exemplo da amamentação. A *ubiquidade* da educação faz mais sentido agora. Basta lembrar que as mães e os pais pensam bem antes de permitir que alguém *segure o bebê*. É porque há organização nisso. A essa altura vocês devem estar esperando que eu explique melhor o que é uma "atividade organizada".

Vou começar falando de *atividades desorganizadas*. A expressão parece meio absurda, porque uma atividade é uma *ação* e se é *ação*, há a *intenção* de alguém. Uma ação desorganizada não tira a responsabilidade da gente. Os juristas usam a expressão "culposo" para indicar isso. "Culposo" quer dizer que a pessoa *fez* algo, mas não tinha a intenção de fazê-lo, não deliberou, foi uma questão de falta de cuidados e atenção às circunstâncias.

Observe o caso do *pum*. O pum pode ser considerado uma atividade desorganizada? Temos controle dele? Eles, por assim dizer, *acontecem* na gente, e por isso são um exemplo de grau zero das ações humanas, das coisas que *acontecem* na gente sem que tenhamos a intenção de autoria. Outro caso são os movimentos reflexos, como quando esticamos a perna, se um objeto duro atinge uma certa região do joelho. Essas coisas são *infrapessoais*. Ficamos envergonhados ao dar um pum, mas contamos com a compreensão das pessoas porque não foi a gente, mas *algo* em nós, que não controlamos, que fez isso. Depois dos acontecimentos involuntários do corpo, começa a vasta região da deliberação, onde precisamos falar das capacidades da vontade ou do querer humano, e isso quer dizer: da mente que não se separa do corpo. Aqui começa a região das atividades organizadas, básicas, como mamar, olhar, escutar, conversar.

Ser humano é ser organizado. Somos sempre a gente e outras gentes, junto às coisas, em um certo ambiente, manuseando instrumentos e tecnologias, desde as cavernas mais remotas. O comportamento humano, desde a primeira mamada, é organizado. Quando Hannah Arendt diz que a educação é uma *atividade elementar e necessária,* isso também quer dizer: uma atividade organizada. Todas as atividades humanas têm uma certa forma ou estrutura: amamentar, vestir, abrigar, tem estruturas eventualmente mais simples do que alfabetizar. A palavra "educação" indica não apenas esses conjuntos de atividades organizadas, mas também a direção deles. Assim, educar é uma atividade difusa, mas não é vaga nem confusa. Ela se materializa nesses momentos operacionais, que por sua vez estão ligados a fases do desenvolvimento humano.

Depois desses esclarecimentos, retomemos a distinção entre educação *informal* e *formal*. Aqui teríamos que dizer que *não há educação informal,* pois, já desde a primeira mamada, não há nada informal na humanidade. Se dizemos que "formal" indica o "escolar" e que "informal" designa o que aprendemos fora da escola, isso é apenas um hábito de expressão, pois mesmo as atividades mais "informais" têm uma estrutura e uma organização. Essa observação será retomada mais adiante, na discussão sobre a escola. Dito isso, não há problema em se falar em "educação escolar" e "educação informal", pois é o caso de uma licença de expressão. Uma solução interessante aqui é fazer distinção entre educação em sentido *amplo* e em sentido *restrito*. Essas expressões, "amplo" e "restrito", são mais neutras do que "formal" e "informal". O sentido restrito ou escolar envolve o surgimento de um triângulo representado pelo desafio de dominar determinado corpo de conhecimentos. A educação, vocês devem estar lembrados, é muito mais uma questão de relação entre pessoas. A educação escolar inclui a relação das pessoas com *coisas*, a saber, conhecimentos, aprendizados, habilidades que não se confundem com as pessoas. O conhecimento é um *bem*.

ESTUDAR HISTÓRIA, ESTUDAR PROBLEMAS

Quero insistir na importância de uma distinção entre dois níveis de atenção no estudo filosófico da educação. Um deles é o da *história da filosofia da educação*. Os filósofos dizem coisas fascinantes, mas o brilho do pensamento não deve ser confundido com a verdade dele. Precisamos valorizar a história da filosofia porque o conhecimento dela garante a riqueza de nossa reflexão, mas o vigor e a verdade dela dependem de outros fatores. O outro nível de atenção é o estudo dos *problemas filosóficos da educação*. A área da educação, na forma como existe hoje, no século XXI, tem fronteiras abertas com muitas ciências particulares que trazem contribuições importantes, como é o caso de Psicologia, Linguística, Biologia, Neurologia, ciências históricas, sociais e políticas, sem esquecer o vasto campo dos estudos matemáticos e estatísticos.

O estoque dos problemas filosóficos não depende apenas dos filósofos, depende também da realidade. Alguns problemas são muito antigos, como as perguntas sobre se é possível ensinar a virtude, como podemos separar a educação da doutrinação, quais são os fins da educação. Esses problemas seculares sempre voltam para a roda de conversa, são refraseados e requalificados à luz de outros saberes, para que possamos discuti-los mais facilmente. Nessas retomadas, não é raro que o filósofo procure a ajuda dessa ou daquela ciência particular. Isso nos lembra que a Filosofia tem uma vida *dupla* e, por isso mesmo, *tensa*. Seus temas são comuns e estão presentes na vida cotidiana, mas a *forma* como ela procura tratá-los deve ser a mais organizada possível, e isso quer dizer que os filósofos precisam argumentar com a máxima clareza e consistência. Sempre que é o caso, precisamos respeitar as evidências empíricas. A filosofia tem um pé no chão do mundo, o outro deve estar

33

perto das ciências e a mesma coisa acontece com a filosofia da educação, nos dias de hoje. A natureza elementar e necessária da educação faz com que ela aconteça todos os dias, e algo de Filosofia sempre está presente nela, como já vimos. Novas questões surgem, antigas questões precisam ser retomadas, diante de situações inesperadas. Não podemos confundir a história da Filosofia com os problemas filosóficos.

A formação do filósofo por vezes começa pela atenção que ele presta na obra de autores já reconhecidos. É quando descobrimos, por vezes com susto, que há um grande mercado de ideias e somos tentados a fazer escolhas. Com o que contamos nessa hora, além de nossos ideais e temperamento? É nesse momento que descobrimos também a imensa variedade de usos dessa palavra, "educação". Além da distinção usual, que separa a educação em formal e informal, abre-se uma oferta de "educação" ligada a conteúdos, procedimentos e metodologias críticas, emancipadoras, libertárias e progressistas de um lado; de outro, liberais, conservadores, tradicionalistas; esses rótulos não esgotam o cardápio, pois há correntes autorais: piagetianos, montessorianos, freirianos, froebelianos, waldorfianos, marxistas, lassalianos etc.

O que devemos fazer, enquanto estudantes, diante desse extenso cardápio? Podemos ceder aos argumentos dos professores, ao nosso temperamento, às nossas inclinações pessoais e políticas e finalmente decidir-nos pela corrente *a* ou *b*. Isso não apaga o fato de que cada um desses autores ou correntes procura esclarecer um certo *problema*. Por que deveríamos nos relacionar com os *problemas* educacionais apenas por meio do que os autores dizem? Afinal, eu tenho diante de mim, tanto quanto eles, crianças, pessoas de carne e osso, minha escola, a sociedade que nos rodeia, os assuntos de que tratamos em sala de aula. O que é que nos impede de, por nossa conta, voltar a prestar mais atenção na *realidade* educacional do que nos autores e nas correntes? Não é assim que o pensamento se renova?

Pense, por exemplo, na questão da escolha de uma metodologia de alfabetização. Se há várias abordagens possíveis, nossa decisão por uma metodologia deverá ser bem-informada. O que vamos levar em conta? O prestígio de minha professora, os argumentos favoráveis e

Educação e transformação

contrários, determinada atmosfera teórica? É possível que uma reflexão sobre a qualidade da aprendizagem de meus alunos me leve a mudar os procedimentos em sala de aula. Alfabetizar é difícil, mas ler e escrever são habilidades facilmente mensuráveis, e as estatísticas escolares podem me ajudar a pensar sobre meu sucesso profissional ou a falta dele. Aqui estamos diante de um caso típico de reflexão que depende apenas dessa distinção entre dois níveis. No primeiro nível, básico, eu conduzo atividades de alfabetização; no segundo nível, transformo a minha atividade em objeto de investigação e avaliação. No caso das propostas educacionais mais abrangentes e menos mensuráveis do que alfabetização, a avaliação é mais difícil, porque há uma distância maior entre o que podemos fazer na sala de aula e o horizonte da mudança maior que esperamos.

A Filosofia é uma oportunidade de reorganização de nossos pensamentos e ações. Os filósofos que já existiram são referências importantes nessa tarefa, e precisamos conhecê-los bem. Mas a Filosofia não consiste apenas na reverência a Platão ou Aristóteles. Mais do que amigo dos filósofos, temos que ser amigos da verdade, temos que ter olhos para a realidade. As nossas preferências e escolhas intelectuais não devem obedecer apenas ao princípio do prazer teórico. A vida cognitiva obedece também e principalmente ao princípio da realidade.

Há muitas dificuldades e polêmicas sobre a definição de educação. A reflexão filosófica que estamos fazendo aqui sugere que devemos e podemos conviver bem com essas incertezas. A atitude mais recomendável é pensar que as definições a que os filósofos têm chegado são instrumentos de trabalho que devem ser continuamente aperfeiçoados. A complexidade do conceito de educação faz parte do jogo em que estamos metidos, pela própria natureza do tema. A educação não é nem um objeto teórico e tampouco uma prática cega, mas sim um processo interminável e multidimensional, com muitas etapas, que vão das mamadas iniciais e dos cuidados até nossa formação, vida adulta e morte. Cada geração retoma esses cuidados em algum ponto em que foi deixada, e avança como pode, em meio a recuos, desvios, retrocessos e retomadas.

Textos complementares

A educação é um assunto inesgotável (John Stuart Mill)

A educação, em seu sentido amplo, é um assunto inesgotável. Embora dificilmente exista um outro assunto sobre o qual tanto já tenham escrito os mais variados sábios, ainda assim, a educação é um campo vasto para pessoas de mente aberta, mentes ainda não desorientadas pela invasão de ideias alheias, tal como aquela dos primeiros expedicionários da educação. Por mais que ideias excelentes a respeito desse tema já tenham sido suscitadas, nenhum ser pensante que vislumbre coisas ainda a serem ditas, quer sejam complicadas, quer sejam simples, quer estejam esperando para serem mais bem elaboradas, deixará de persegui-las. Além disso, a educação é um dos temas que mais exige, em sua essência, diferentes mentes pensantes em seus variados pontos de vista. De todos os assuntos laterais, a educação é o que contém maior número de lados. Nela, não vislumbramos apenas o que fazemos a nós mesmos, ou o que os outros fazem a nós, uma vez que o propósito fundamental da educação está em nos aproximar, de alguma forma, da perfeição de nossa natureza: inclusive, em sua vasta compreensão, a educação vai além, produzindo efeitos em nosso caráter e em nossas faculdades humanas através de mecanismos cujos objetivos diretos são bastante diferentes – pelas leis, pelas formas de governo, pelas artes industriais, pelos modos de vida em sociedade. E, sim, até mesmo por fatores físicos que independem da vontade humana: por clima, solo e localização. Tudo o que ajude a formar o ser humano, a fazer do indivíduo o que ele é, ou o impeça de ser o que não é, faz parte de sua educação, sendo ela, frequentemente, muito ruim. Por vezes, a inteligência e a vontade são cultivadas de modo a neutralizar seus instintos. Peguemos um exemplo óbvio: a escassez da Natureza em alguns lugares, que faz com que todas as energias do ser humano se voltem para a preservação da vida. Já em outros lugares, a generosidade do universo proporciona uma espécie de subsistência brutal em termos muito fáceis, quase nenhuma necessidade de esforço por parte do ser humano e suas faculdades é necessária nesses casos, criando um ambiente desfavorável ao crescimento espontâneo e ao desenvolvimento da mente: e são nesses dois extremos da escala que encontramos as sociedades humanas no estado de mais completa selvageria. No entanto, irei me conter ao sentido mais estrito de educação: a cultura que cada geração oferta propositalmente àqueles que serão seus sucessores, a fim de qualificá-los para, pelo menos, manter e, se possível, elevar o nível de melhoria já alcançado. (1984: 215. Tradução de Roberta Santurio)

Os enfoques da educação (Bertrand Russell)

A educação pode ser vista por muitos enfoques: o do Estado, o da Igreja, o do mestre-escola, o dos pais ou até mesmo (embora isso seja com frequência esquecido) o da própria criança. Cada um desses pontos é parcial; cada um deles contribui com algo para o ideal da educação, mas também contribui com elementos negativos. (2008: 171)

A educação não traz felicidade (Iris Murdoch)

No começo do filme Iris *(Richard Eyre, 2001), há uma cena na qual a personagem central, a filósofa Iris Murdoch, é apresentada ao público de um auditório em Oxford, onde ela vai falar sobre a importância da educação. A fala atribuída a ela é essa:*

A educação não nos torna felizes. Tampouco a liberdade faz isso. Nós não nos tornamos felizes apenas porque somos livres – se nós o somos. Ou porque fomos educados – se temos educação. Mas sim porque a educação pode ser o meio pelo qual percebemos que somos felizes. Ela abre os nossos olhos, os nossos ouvidos, nos diz onde as delícias estão à espreita, nos convence de que há apenas uma liberdade que conta, a liberdade da mente, e nos dá a certeza – a confiança – para percorrer o caminho que a nossa mente, a nossa mente educada, oferece.

Os filósofos e o desenvolvimento humano

Nos capítulos anteriores examinamos alguns aspectos da Filosofia e da educação, em sentido amplo. Com a ajuda de Hannah Arendt e Kant, procurei indicar algumas dificuldades que encontramos para dar uma boa caracterização dessa expressão. Neste capítulo, vamos aprofundar um pouco mais nossa compreensão filosófica da educação, introduzindo o tema do desenvolvimento humano.

Os debates educacionais frequentemente aparecem na forma de conflitos de concepções: progressistas, conservadores, críticos, tradicionais travam verdadeiras guerras conceituais, não apenas sobre os grandes temas como as finalidades da educação, mas também sobre questões mais pontuais, como se devemos ou não centralizar decisões sobre currículos, objetivos de aprendizagem, métodos pedagógicos e avaliações nacionais. Há conflitos internos nas disciplinas, sobre a escolha de conteúdos curriculares e métodos de ensino; há discussões intermináveis sobre o quanto a educação deve estar voltada para ambientes e realidades mais imediatas ou mais gerais e distantes, o quanto ela deve estar próxima ou distante de valores políticos e sociais. Esse quadro de polêmicas é uma boa justificativa para se dar maior importância à Filosofia da Educação, pois todos temos a ganhar quando atingimos uma melhor compreensão conceitual desses problemas. A conversa sobre a educação tem a idade da humanidade e a Filosofia da Educação é uma mão valiosa na roda dessa conversa.

Há disciplinas dedicadas ao exame dos fundamentos da educação. Essa expressão, "fundamento", lembra as metáforas de construção, e sugere que a educação deve ser sustentada por algum tipo de justificação oferecida pela Filosofia, mas também pela Psicologia, Sociologia e outras ciências, incluindo a Biologia. Essa é a razão pela qual vamos nos deter um pouco na forma como a Filosofia, a partir da modernidade, ocupou-se com o tema da justificação de propostas educacionais, no sentido amplo da expressão, mas também no sentido restrito, da educação escolar.

OS FILÓSOFOS E O DESENVOLVIMENTO HUMANO

Houve uma época na qual a Psicologia era uma parte da Filosofia e os filósofos especulavam sobre o desenvolvimento humano. Montaigne, por exemplo, escreveu o ensaio notável "Da educação das crianças" (1580), no qual estão antecipadas algumas das noções mais importantes da Pedagogia moderna. Uma delas é que os professores deveriam regular o seu andar pedagógico pelo nível de desenvolvimento da criança. É difícil, diz ele, "colocar-se no nível da criança", mas sem esse cuidado o ensino não terá "sentido e substância". Os conhecimentos não podem ser enfiados na cabeça da criança por simples autoridade, sem que ela entenda e assimile o novo ao que ela já sabe. Ela precisa ser afastada dos pais, viver ao ar livre e ser acostumada à rudeza da vida. Educar uma criança não é ensinar datas e lugares importantes, e sim apresentá-la ao grande mundo, à diversidade de costumes e opiniões. A Pedagogia de Montaigne inclui a recomendação de exercícios físicos, da dança, da caça, dos estudos de Lógica e Física. Não educamos almas e nem corpos, diz Montaigne, educamos um ser humano. Ele não se detém,

Os filósofos e o desenvolvimento humano

como fará Rousseau um pouco depois, no exame do comportamento de bebês e crianças, mas deixa bem claro que os métodos de ensino devem se inspirar no melhor conhecimento possível deles. Ele é ainda atual, como se vê pela descrição do método de aprendizado de línguas por imersão, ao qual foi submetido por seu pai, que lhe proporcionou o aprendizado de latim sem chicote nem lágrimas.

Montaigne condenou o castigo das crianças por meio de chicotadas. John Locke, pouco mais de cem anos depois, no livro *Alguns pensamentos referentes à educação* (1693), ainda aceitava a aplicação do "remédio supremo" como último recurso. Em defesa do chicote, ele recomendou que o castigo não fosse aplicado imediatamente depois da falta da criança, para que a cólera do castigador esfriasse. O chicote deveria ser aplicado algum tempo depois, com calma. Ele sugeriu também que as chicotadas fossem terceirizadas, que não fossem aplicadas pelos pais. Ele insistiu que isso somente deveria acontecer em casos extremos, como na desobediência, na mentira, na preguiça nos estudos de latim e grego e apenas nos primeiros sete anos de vida da criança. Pela extensão com que o tema foi tratado no livro fica claro que naquela época ainda havia acolhida para a fundamentação filosófica dos castigos físicos. Apesar do chicote, seu livro desempenhou um papel importante na literatura educacional do século XVII e fez parte da bibliografia citada por Rousseau, junto ao ensaio de Montaigne.

O *Emílio ou Da educação*, de Jean-Jacques Rousseau (1712-1778), é um dos textos fundadores da Pedagogia moderna. Não há chicote nele. Se Locke tratou a mentira como um delito a ser castigado, Rousseau ofereceu um estudo sobre a capacidade de a criança mentir. Ele refletiu sobre a mentira infantil a partir de uma exposição sobre o desenvolvimento humano. O *Emílio* é o primeiro escrito na Filosofia moderna no qual os conselhos e as sugestões pedagógicas estão organizados como um livro sobre desenvolvimento e aprendizagem, a partir de uma caracterização de fases de desenvolvimento humano. As seções estão dispostas em uma sequência que começa com a vida do bebê, seguida do seu crescimento como criança, das vivências da adolescência e do início da vida adulta. Rousseau escreve sobre o desenvolvimento

41

humano a partir de suas "reflexões e observações", com a convicção de que sua época não conhece a infância, como ele diz no prefácio. O *Emílio* é importante até hoje na Pedagogia, mas o quadro atual de conhecimentos na Psicologia do Desenvolvimento faz com que o livro seja visto como um documento inaugural, pois algumas de suas ideias são relíquias da época em que a infância estava sendo descoberta. Ele pensava, por exemplo, que os movimentos do bebê ao nascer eram efeitos mecânicos de órgãos imperfeitos.

A partir do século XX, a Psicologia infantil, os estudos sobre o desenvolvimento humano e a aprendizagem cresceram e conquistaram um espaço próprio. A educação tem hoje à disposição outra e melhor Psicologia infantil. Isso não quer dizer que a Filosofia não pode contribuir para o estudo do desenvolvimento humano e da aprendizagem, pois essas etapas da vida também dão origem a problemas filosóficos, como veremos. Antes de seguir nesse tema, vamos ficar um pouco mais com Rousseau, com o tema da educação e seus fundamentos filosóficos.

A EQUAÇÃO DE ROUSSEAU

Vou lembrar uma ideia que Rousseau expôs no prefácio do *Emílio*. Ele diz que *o que fazemos com as crianças está ligado ao modo como as vemos*. Ele reconhece que os conselhos educacionais que apresenta no livro, sobre *o que fazer com as crianças*, podem não ser os melhores, mas acredita que deu o melhor de si para *ver o que é uma criança*, e que uma coisa depende da outra. Essa equação entre o ser da criança e o que *devemos fazer* com elas é uma fonte de dificuldades filosóficas. Surge aqui com toda a clareza a dimensão ética da educação. Como é possível relacionar o *ser* com o *dever ser*? Primeiro, deveríamos ter clareza sobre o que é uma criança; depois disso e baseado nisso, é que podemos pensar sobre o que *devemos* e o que não *devemos* fazer com elas. Esse problema está presente, de uma ou de outra forma, nas propostas pedagógicas. É natural, nelas, que se fale sobre recomendações, regras, finalidades e objetivos da educação, e isso nos leva diretamente ao problema de como podemos justificar as decisões que tomamos nesse campo.

A questão dos fundamentos da educação torna-se importante a partir do momento em que as tradições começam a ser questionadas. As sociedades *tradicionais*, baseadas em relatos e histórias que não são postos em dúvida, não têm esse problema de justificação das pedagogias que adotam. Nas sociedades tradicionais, os valores culturais, sustentados basicamente pela oralidade, dificilmente são ameaçados em sua homogeneidade e estabilidade. Essas sociedades, que são também chamadas de pré-históricas, possuem uma identidade coletiva sustentada por mitos e relatos que asseguram a continuidade de suas formas de vida.

No horizonte histórico das sociedades *modernas*, a justificação das regras morais torna-se um problema filosófico difícil. Vamos entender aqui essa expressão, "modernidade", como indicadora de um conjunto de intensas transformações políticas, econômicas e sociais. Isso acontece na época da Revolução Francesa de 1789 e na Revolução Industrial inglesa, que começa, simbolicamente, em 1760, com a expansão e consolidação de novas técnicas de fundição do ferro.

Costuma-se dizer que as sociedades *históricas* são aquelas que dominam a tecnologia da escrita. Poderíamos sustentar, portanto, que a modernidade, em sentido muito amplo, começou com a escrita, pois é difícil imaginar as revoluções políticas e industriais sem o letramento da sociedade. Veremos isso mais adiante.

OS BEBÊS PROFESSORES

Os bebês não vêm ao mundo com manual de instruções. Temos que escrevê-los, aprendendo a cuidar deles com os mais velhos e *com* os próprios bebês, o que faz com que as crianças sejam também nossas professoras e professores. As sociedades tradicionais não questionam o manual que seguem desde sempre. As sociedades modernas enfrentam o problema da comparação entre manuais conflitantes. As pessoas viajam, entram em contato com outras tradições culturais e está criada a confusão: palmatória ou não? As dificuldades crescem, pois a população é cada vez mais heterogênea, torna-se mais cosmopolita e não é mais possível recorrer a um fundamento religioso universal.

Quando levamos esses aspectos para o campo da educação, é fácil ver por que surgem as perguntas pelos *fundamentos da educação*. Diante de um leque de valores possíveis, quais devemos escolher? Como podemos justificá-los? Quais são os *fatos* sobre a criança e sobre o ser humano que devemos aceitar como básicos, incontroversos, que devem servir como pontos de partida? De que modo podemos relacionar *fatos*, por exemplo, "que o córtex pré-frontal se forma tardiamente na criança" com valores como o de "que devemos ser mais tolerantes com crianças"? Quais são os fatos básicos e incontroversos sobre natalidade, bebês e crianças que podemos invocar como justificativa para fundamentar uma proposta pedagógica? Podemos justificá-la em nome de algum planejamento social ou político? Podemos ver a educação das crianças como um *meio* para a realização dos *nossos* desejos? A Filosofia da Educação tem visões conflitantes sobre esses temas.

ESTUDAR MEDICINA, ESTUDAR PEDAGOGIA

Há, na internet, um vídeo sobre alguns animais que querem atravessar um riacho. Eles estão em dúvida sobre se o objeto diante deles, dentro da água, é um jacaré ou um tronco. Se for um tronco, os animais podem pisar nele e a travessia estará garantida. Se for um jacaré, será morte certa. As pessoas assistem ao vídeo e tiram dele as mais diversas conclusões. A lição que eu gostaria de tirar, para ilustrar a equação de Rousseau, é esta: a gente *lida* com as coisas de acordo com o que *pensa* sobre elas; o que pensamos sobre as coisas é, em certo sentido, nosso jeito de ver a realidade. Vocês devem estar lembrados que no primeiro capítulo eu disse que deveríamos ter cuidado com o uso da palavra "teoria". As ciências que possuem métodos experimentais de controle de conhecimento, como a Física ou a Biologia, falam com naturalidade em teorias. A Economia, a Psicologia e a Sociologia são ciências que têm uma forte dimensão reflexiva e especulativa, mas também desenvolvem estudos empíricos controlados, e assim podemos falar em teorias econômicas, psicológicas e sociais. Sempre que a dimensão reflexiva e especulativa predomina em uma ciência, a expressão "teoria" é usada em sentido fraco, como "visão", "concepção".

Há uma tradição de bom senso no campo educacional, que diz que educar pessoas não é uma questão teórica ou prática. A educação não pode ser vista como uma ciência como a Biologia e tampouco é sensato dizer que se trata de uma arte como a pintura. Ela ocupa, na vida humana, uma posição intermediária, somente dela, e isso é o mínimo que podemos dizer para fazer justiça à sua natureza "elementar e necessária", como escreveu Hannah Arendt.

A Medicina é uma ciência? Quando Julieta vai estudar Medicina, a formação dela não consiste apenas em estudar Biologia, Anatomia, Fisiologia, junto a outros estudos de patologias, seguidos de estudos de farmacologia e por aí adiante. Há, na vida de Julieta, o *paciente*. Por mais que ela faça diagnósticos baseados em muitos exames, de doenças bem conhecidas, cada paciente é único, e ela deve sempre procurar o melhor ajuste possível entre o que ela sabe e o caso concreto diante dela. A boa Medicina baseia-se em evidências científicas, mas o diagnóstico médico não é a conclusão de uma operação matemática. A Medicina, pode-se dizer, é uma arte baseada em muitas ciências, e ela dá saltos sempre que há avanços nos conhecimentos empíricos nos quais ela se baseia. A prática médica, no entanto, ocorre em circunstâncias um pouco mais particulares do que a prática pedagógica. Educar uma criança, no sentido sugerido por Kant – o de proporcionar a ela cuidados, disciplina, instrução formativa –, não é um evento ocasional, como uma febre elevada.

UMA ATIVIDADE INFORMADA

Rousseau dizia que o seu Emílio somente deveria ia ao médico em último caso. A Medicina de então não gozava de boa fama. Ela avançou muito desde a proposição da "teoria dos germes", por Louis Pasteur. Não há nada parecido no campo educacional, mas isso mostra por que a comparação entre Pedagogia e Medicina não é boa.

A educação não espera pela chegada de filósofos e teorias. Quando Julieta nasceu, ela foi educada do jeito que seus pais sabiam. Ela não escolheu pai e mãe, muito menos a forma de ser tratada por eles. A educação, no sentido amplo, é apenas a forma como Julieta é cuidada. A chance da mãe dela ser suficientemente boa, com ou sem manuais sobre cuidado de crianças, é grande. Quando Julieta cursa Pedagogia, ela estuda Psicologia do Desenvolvimento e da cognição, Antropologia, Sociologia, métodos de ensino-aprendizagem, políticas públicas e por aí adiante. Esses estudos a qualificam muito, mas ela não começa do nada. Ela foi criança um dia, sempre soube algo sobre crianças, é assim com todos nós. Elas são, no entanto, um novo começo, e quando as encontramos em uma escola, por mais que tenhamos feito estágios, precisamos estar prontos para novos desafios.

EDUCAR É HÍBRIDO, TENSO E ABERTO

Educar, em sentido amplo ou no sentido escolar, é uma atividade informada pelo saber disponível pelos educadores, mas é também um processo cuja intencionalidade é difusa. Com essa expressão, "intencionalidade difusa", quero dizer que as intenções e as vontades que cercam a criança nem sempre são harmônicas e convergentes e que há mais do que essas intenções em torno dela. Como disse Rousseau, cada um de nós é objeto de *três educações*: somos educados pelos seres humanos que nos cercam, pelas coisas e pela natureza.

A cada um desses educadores corresponde uma relação peculiar. Na relação da criança com os adultos prevalece o fato de que ela está sujeita às intenções e às responsabilidades inerentes ao mundo adulto. O crescimento da criança depende dessa relação, que gera uma hierarquia natural. A mamada é uma relação entre dois seres humanos, mas o leite e as roupas, as coisas do mundo, vêm pela mão da mãe.

A relação da criança consigo mesma, com sua própria natureza, é um longo e obscuro processo, sobre o qual pouco podemos agir. As coisas e os eventos do mundo interferem nessa história, e temos pouco ou nenhum controle disso. A subjetividade surge a partir de uma teia de subjetividades e das relações com as coisas, e isso cria um *mundo intersubjetivo.*

Há uma educação que nos chega por meio dos esforços dos seres humanos, e há outra que provém das pedras e dos eventos em que nos enredamos. Há outra educação, ainda mais complexa, que vem de dentro da gente mesmo. Assim, a educação humana é uma situação híbrida, tensa, aberta. Nas situações educacionais acontecem *ações* e *intenções humanas,* mas há também *eventos* e *processos* sobre os quais não temos controle. O cachorrinho de Julieta morre; ela percebe que a carne que há em seu prato é uma coxa de galinha, e ela ama as galinhas; ocorre uma tempestade na festinha mais esperada do ano e tudo é cancelado; Julieta leva um tombo e ganha uma cicatriz no rosto: os mestres de Julieta estão por toda a parte e usam disfarces. A boa educação, sugere Rousseau, é aquela na qual conseguimos *equilibrar* as lições que recebemos dos outros, das coisas e da natureza. Sempre que um desses mestres predomina sobre os demais, estamos em risco, podemos ir muito para um lado e virar o barquinho. O balanço da vida é delicado, é um equilíbrio que tende sempre ao desequilíbrio. Assim, para complicar ainda mais o conceito de educação, chega um momento na vida que a educação também é autoeducação. É *quase* tudo com a gente, pois seguimos no mundo da vida, no meio das *ações* e intenções humanas, dos *processos* do mundo e daqueles que surgem em nós mesmos, sem convite.

As informações que são valiosas para a educação surgem de muitas fontes e lugares. Quando Julieta estuda Pedagogia, ela é apresentada às ciências da educação: Psicologia, História, Sociologia, Economia, Política etc. São ciências poderosas, que vão enriquecer a formação dela. Sem elas a formação profissional fica aquém das possibilidades de trabalho que existem hoje. Essas ciências têm uma característica que precisamos examinar mais de perto. Elas estão muito próximas da vida cotidiana, ao contrário do que ocorre com a Física e a Química.

Precisamos aqui de uma classificação das ciências. Vou propor um modelo no qual as ciências estão situadas a partir da proximidade que têm com os saberes cotidianos. Nesse modelo, as ciências mais abstratas e formais, como a Lógica e a Matemática, estão distantes da vida cotidiana. A Física, a Química e a Biologia ocupam um espaço intermediário. Já a Psicologia e a Sociologia, por exemplo, são ciências que estão muito próximas do dia a dia.

Explico de outra forma. Suponha que dois países tenham sistemas políticos e econômicos em conflito. Eles disputam prestígio no mundo e querem, por exemplo, lançar um satélite no espaço ou mandar seres humanos à Lua. Para isso precisam construir máquinas poderosas e fazer cálculos e previsões sofisticados. Usam muita Matemática, Física e engenharia de ponta. Os países são ideologicamente diferentes, mas a Matemática e a Física são as mesmas. Essas áreas do conhecimento não são coloridas pela política.

Figura 1 – As ciências e a vida cotidiana

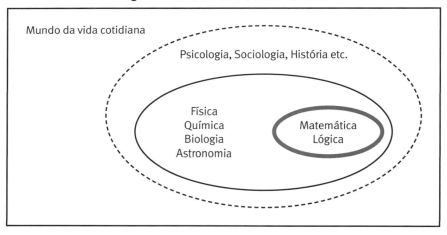

Algo parecido se passa na Biologia e na Química. O remédio que cura os habitantes de um país cura também os moradores do outro, pois o vírus desconhece as fronteiras nacionais. Quando entramos no campo das ciências humanas, as coisas são mais complicadas, pois nelas não há essa separação forte entre sujeito e objeto. Os cientistas naturais estudam coisas cuja existência independe deles. O psicólogo, em certo sentido, investiga ele mesmo, um ser humano. Nas ciências sociais e humanas, tanto os cientistas quanto os seus objetos – a gente – possuem uma dimensão histórica, cultural, social, valorativa.

De uma forma simplificada pode-se dizer assim: as ciências naturais estudam certos fenômenos sob o aspecto de causas e efeitos. Nas ciências humanas, além da dimensão de causas, é preciso considerar que o agente humano tem *motivações* e razões. Nós não falamos do amor entre Romeu e Julieta, por exemplo, como um evento *causado* por algum processo natural, bioquímico.

Em resumo: as ciências humanas estão próximas do mundo da vida cotidiana e a consequência disso é que os ideais de objetividade e amor à verdade típicos das ciências são ainda mais desafiadores nelas. Os físicos de um país não podem manipular as leis da natureza para facilitar a viagem dos seus foguetes. O mundo natural exerce um controle externo implacável. Já o filósofo enamorado por um sistema político corre o risco de que as paixões políticas enviesem sua visão das relações humanas. Isso é algo da natureza humana com o que precisamos conviver. Não fosse a capacidade humana de questionar hábitos de pensamento e convicções políticas, Romeu e Julieta não teriam seguido o namoro.

As ciências são uma questão de *ver bem* a realidade. Isso é mais difícil em algumas situações do que em outras, mas é desse jeito que somos. As ciências humanas são mais porosas aos impactos do mundo da vida, quando comparadas com a Matemática ou a Física. Há diferenças de visões na Pedagogia, como todos sabemos, e será terrível o dia em que não houver mais isso. Nossa fragilidade é nosso encanto e as crianças exercem um controle externo que devemos reconhecer.

FATOS E VALORES, TEORIAS E PRÁTICAS

A essa altura deve ficar claro que as relações entre *fatos* e *valores* têm tudo a ver com o tema do desenvolvimento e da aprendizagem humana. Como disse Rousseau, as *decisões* (inspiradas por valores) sobre o que devemos fazer com as crianças estão ligadas à forma como as vemos. Rousseau não falava em "teoria" e "prática". Seu vocabulário era mais modesto e sua queixa principal era sobre o estado deplorável do saber sobre as crianças.

Rousseau se queixava da falta de conhecimentos sobre a infância. *Emílio* é, entre outros aspectos, um estudo sobre o desenvolvimento humano em apoio a propostas pedagógicas. Ele reconheceu, no entanto, que a criança está rodeada por muita gente e vive no meio de muitas coisas, assim não podemos pensar que temos um controle completo de sua educação. A educação, como as artes, pode ter resultados imprevisíveis. A distância entre a visão e a decisão, entre a teoria e a prática era clara para Rousseau.

Kant era um leitor entusiasmado de Rousseau e deu aulas de Pedagogia inspirado nele. Suas lições não são longas e exaustivas como as de Rousseau, mas seguem o mesmo esquema, que consiste em sugerir princípios e regras pedagógicas depois de uma exposição sobre as características básicas dos seres humanos. É o conhecimento das características do desenvolvimento humano que nos permite pensar na arte da educação. As "disposições naturais" do ser humano, por sua vez, não se desenvolvem por si mesmas. A educação de cada um de nós é um trabalho de arte de nossos pais, de nossos cuidadores, das escolas. Assim, diz Kant, a Pedagogia deve tornar-se um estudo.

E hoje? Depois de um século e meio de investigações sobre desenvolvimento e aprendizagem, o quadro é outro. Nesse mesmo período, a Pedagogia incorporou novas fontes de reflexão. O que *devemos* fazer com as informações que temos hoje sobre bebês, crianças, adolescentes? Como e em que medida esses conhecimentos *podem* ou *devem* orientar a nossa prática docente? Não parece haver dúvida de que aquilo que sabemos deve apoiar aquilo que fazemos, mas as coisas não são assim tão fáceis, a educação é um mundo de muitas vozes e visões. As concepções educacionais são por vezes divergentes, competem entre si, e nada sugere que as polêmicas tenham fim. É nossa obrigação tentar compreender melhor essa história. Para isso, precisamos ter uma visão mais rica e abrangente de algumas das características das ciências e dos conhecimentos humanos.

Textos complementares

Nem alma, nem corpo (Michel de Montaigne)

Os exercícios, e até os jogos, as corridas, a luta, a música, a dança, a caça, a equitação, a esgrima constituirão boa parte do estudo. Quero que a delicadeza, a civilidade, as boas maneiras se modelem ao mesmo tempo que o espírito, pois não é uma alma somente que se educa, nem um corpo, é um homem: cabe não separar as duas parcelas do todo. (1972: 88)

Não se conhece a infância (Jean-Jacques Rousseau)

Não se conhece a infância; no caminho das falsas ideias que se têm quanto mais se anda, mais se fica perdido. Os mais sábios prendem-se ao que aos homens importa saber, sem considerar o que as crianças estão em condições de aprender. Procuram sempre o homem na criança, sem pensar no que ela é antes de ser homem. Eis o estudo a que me apliquei, para que, mesmo que meu método fosse quimérico e falso, sempre se pudessem aproveitar minhas observações. Posso ter visto muito mal o que se deve fazer, mas acredito ter visto bem o sujeito sobre o qual se deve agir. Começai, pois, por melhor estudar vossos alunos, pois com toda a certeza não os conheceis; ora, se lerdes este livro dentro desta perspectiva, creio que ele não carecerá de utilidade para vós. (2004: 4)

A arte da educação (Immanuel Kant)

A arte da educação ou pedagogia deve, portanto, ser *raciocinada*, se ela deve desenvolver a natureza humana de tal modo que esta possa conseguir o seu destino. Os pais, os quais já receberam uma certa educação, são exemplos pelos quais os filhos se regulam. Mas, se estes devem tornar-se melhores, a pedagogia deve tornar-se um estudo; de outro modo, nada se poderia dela esperar e a educação seria confiada a pessoas não educadas corretamente. É preciso colocar a ciência em lugar do mecanicismo, no que tange à arte da educação; de outro modo, esta não se tornará jamais um esforço coerente; e uma geração poderia destruir tudo o que uma outra anterior teria edificado. (1996: 22)

As variedades do conhecimento

No final do capítulo anterior, apresentei um modelo de classificação das ciências para nos orientar na compreensão do espaço ocupado pela educação e a Pedagogia na vida humana. Meu objetivo foi sugerir que as ciências mantêm distâncias diferentes do mundo da vida. A Figura 1 indicou três grandes grupos:

a. o grupo formado pelas ciências formais, como a Matemática e a Lógica, que são disciplinas essencialmente dependentes de nossa capacidade de manipular símbolos;

b. o grupo das ciências naturais, como a Física, Química, Biologia, nas quais o cientista manipula símbolos e faz observações controladas de eventos no mundo; e

c. as ciências humanas e sociais, nas quais, além da presença dos dois aspectos anteriores (a manipulação de símbolos e a observação controlada), surge uma situação nova e paradoxal: as ciências humanas investigam o investigador e surgem problemas metodológicos que não existem nos níveis anteriores.

Eu desenhei a linha que indica o círculo das humanidades com um pontilhado para sugerir que essas ciências se relacionam com a vida cotidiana de uma forma diferente das demais. As ciências são criações humanas, mas a nossa subjetividade se manifesta de modo diferente em cada um dos grupos. O teorema de Pitágoras, por exemplo, é imune ao temperamento humano, o mapeamento do DNA desconhece as fronteiras nacionais e é aplicável a qualquer ser humano sem distinção de raça, credo ou nacionalidade. O círculo das humanidades, no entanto, é poroso e sensível ao impacto da vida cotidiana. Nesse ponto, é necessário aprofundar a compreensão das formas de relacionamento das ciências com a vida. Precisamos ter presente as variedades da ciência e do conhecimento humano para obtermos, mais adiante, uma boa caracterização da importância da Pedagogia, da didática e do currículo escolar.

As distinções que fizemos na Figura 1 ajudam a responder à pergunta "o que é a ciência?", pois elas chamam a atenção para a diferença que há entre os objetos de cada um dos grupos: os símbolos, os processos naturais, os processos humanos. Tão importante quanto a compreensão das diferenças entre os objetos das ciências é entender que a ciência é um tipo especial de ação humana. O cientista é alguém que assume compromissos com a adoção de procedimentos padronizados para a solução de problemas. A ciência depende de protocolos que são estabelecidos e regulados publicamente.

Na visão popular, a ciência é vista muitas vezes como um conjunto de afirmações sobre o mundo, como um conjunto de proposições consideradas verdadeiras pela comunidade especializada. Isso é verdadeiro, mas apenas pela metade. A ciência é um *produto* e um *processo*. Ela é um produto, um "estado da arte" que é registrado em livros e revistas. Esse produto, no entanto, está sujeito à revisão, porque foi criado a partir dos protocolos adotados pela comunidade. Quando falamos em "ciência", temos que considerar essas duas dimensões: *o estado dos conhecimentos* em alguma área científica, e um conjunto de *procedimentos de investigação*. Uma ciência é sempre duas.

Isso basta para uma introdução à variedade das ciências. Precisamos agora de uma visão mais ampla da variedade dos conhecimentos humanos. Sem isso a nossa compreensão dos processos educacionais é estreita.

SABER COMO, SABER QUE, SABER DE

A maneira como a educação acontece na vida cotidiana é uma fonte de reflexão na filosofia da educação. A compreensão que buscamos deve partir de uma descrição de seus aspectos mais gerais, de sua natureza elementar e necessária, pois o filósofo não tem o direito de desconsiderar a riqueza do uso comum desse conceito. É preciso olhar para a maneira como a educação se realiza nas muitas formas do cuidado humano. Essa base que obtivemos com Hannah Arendt e Kant permite continuar de modo mais firme. O passo que vamos dar agora consiste em examinar a variedade das formas de conhecimento humano, pois sem isso a compreensão daqueles conceitos que surgiram no capítulo anterior – cuidado, trato, disciplina, instrução, informação, formação – fica prejudicada, pois eles estão conectados com formas de conhecimento. O tema das formas de conhecimento é também fundamental para a discussão que vamos fazer sobre o desenvolvimento, a escola e a escolarização.

Vamos nos limitar aqui à distinção tradicional dos tipos de conhecimento. Em primeiro lugar, vamos separar o *saber fazer* do *saber dizer*. Aqui eu estou adaptando um pouco o vocabulário, no caso da expressão "saber dizer". Explico.

O *saber fazer* consiste no domínio de uma habilidade como montar um brinquedo, afiar uma faca, tocar violão ou fazer doce de ovos. Na literatura da filosofia, é comum o uso da expressão em inglês "*know-how*" para indicar esse tipo de conhecimento.

O *saber dizer* é uma habilidade que exige mais do que as mãos e os pés, por assim dizer. Precisamos da nossa língua para dizer coisas como estas: *que* o brinquedo é caro, *que* a faca é da mamãe, *que* o violão está desafinado, *que* na semana que vem haverá doce de ovos.

Cada uma dessas frases é uma espécie de fotografia de uma situação, tirada com a linguagem. Na literatura da Filosofia, é comum o uso da expressão em inglês *"know that"*, "saber que", para indicar esse tipo de conhecimento. Repare que cada uma das frases que usei como exemplo começa sempre com "que".

Há uma diferença intuitiva entre esses tipos de conhecimento. O conhecimento como uma *habilidade* (ou capacidade) está ligado à nossa corporalidade. A criança adquire a habilidade de jogar a bola dentro de uma cesta, ela aprende a identificar objetos ou reconhecer pessoas sem precisar falar. Ela pode jogar *joquempô* sem dizer nada para a outra criança, mas antes elas devem *dizer que* querem jogar "pedra, tesoura, papel".

Note que saber *que* uma pessoa voltará ou não amanhã, *que* na semana que vem haverá doce de ovos depende do uso da linguagem. Vamos dizer que se trata, nesse caso, de um conhecimento *linguístico, simbólico, proposicional*. Esse tipo de saber é dependente da aquisição da linguagem e equivale a um salto no desenvolvimento da criança. A linguagem abre as portas para um novo tipo de informação sobre o ambiente. Mais adiante vamos voltar a esse ponto e examinar melhor essas expressões, *simbólico* e *proposicional*.

Nessa mesma direção, os filósofos também falam do conhecimento por *familiaridade*. Na literatura da Filosofia, é comum o uso da expressão em inglês *"know of"*, "saber de", para indicar esse tipo de conhecimento. A *habilidade* que temos de nos movimentar em um lugar completamente escuro é proporcional à *familiaridade* que temos com o local. O conhecimento por familiaridade, como a expressão sugere, é adquirido por meio de vivências, contatos, exposição a coisas, situações, locais, línguas, pessoas etc. Uma parte dos nossos conhecimentos é adquirida pela familiarização com o que nos cerca. Conhecemos uma cidade depois de andar pelas ruas, e a mesma coisa é verdadeira sobre as pessoas, pois, como diz a sabedoria popular, só se conhece bem alguém depois de comermos juntos um saco de arroz ou um quilo de sal.

Essas três formas de conhecimento, saber *como*, saber *que* e saber *de*, podem e devem ser distinguidas, mas na prática da vida elas se emaranham na medida em que entramos no mundo da linguagem. A diferença entre elas não deixa de existir, no entanto.

Há uma outra distinção importante. Saber montar um quebra-cabeças, andar a cavalo e separar os galos das galinhas são habilidades que adquirimos independentemente de falar português, e a mesma coisa vale para andar no escuro dentro de casa. A criança aprende a subir em árvores, acompanhar o florescimento delas e colher frutas sem precisar dizer palavra alguma. A *habilidade* de montar um quebra-cabeças depende da capacidade de discriminar formas e cores. Essas capacidades são adquiridas com a familiarização. Assim, vamos aproximar esses dois tipos de conhecimento. Eles por vezes se confundem.

Diferentemente do conhecimento por familiaridade, *saber que* na semana que vem haverá doce de ovos é um conhecimento que somente temos por meio da linguagem e a mesma coisa vale para saber *que* a nutrição da árvore está ligada ao sol e atende pelo nome de "fotossíntese".

Vou insistir um pouco mais nisso. Quando alguém nos diz algo sobre alguma coisa, por exemplo, "que Julieta está grávida", afirma algo que pode ser *ou* verdadeiro *ou* falso, pois ou bem ela está grávida ou bem não está, e não há meio termo. Mas quando dizemos que *sabemos nadar,* é preciso lembrar que há uma escala entre nadar mal e nadar bem. A mesma coisa vale quando a gente diz que conhece uma cidade. Diferentemente do caso da familiaridade e da habilidade, o conhecimento linguístico (ou proposicional) é uma espécie de proposta de descrição de um estado de coisas no mundo. O conhecimento linguístico é decisivo para impulsionar os outros tipos de conhecimentos no processo de desenvolvimento e formação humana. Uma doula é formada não apenas acompanhando o trabalho de outras doulas, mas também estudando e lendo sobre gravidez, parto, mães. Por outro lado, alguém dificilmente será uma boa doula *somente* através da leitura sobre a atividade.

O emaranhamento entre linguagem, familiarização e habilidades fica mais claro quando consideramos as atividades de alfabetização de uma criança. Entre as atividades didáticas, destaca-se a familiarização da criança com letras, números, palavras, textos. É por essa razão que as paredes de uma sala de alfabetização são cobertas com o alfabeto e os algarismos. Há também atividades de vocalização de fonemas e sílabas. Junto a essas atividades, a criança é desafiada a ver as diferenças entre letras, números, sílabas, fonemas, palavras, e isso é um exercício de habilidades de discriminação e classificação. Essas atividades misturam-se com conhecimentos linguísticos, pois a criança começa a aprender *que* isso é uma letra, *que* aquilo é uma sílaba.

FORMAÇÃO DE HÁBITOS E APRENDIZADO DA LÍNGUA MATERNA

Desde que nasce, a criança forma hábitos e inicia o aprendizado de sua língua materna. O hábito, como disse Aristóteles, consiste em uma *disposição de agir* de uma certa forma, em certas situações e diante de certos objetos. Os hábitos são adquiridos progressivamente, mediante repetições, exercícios, treinos, familiarizações. O hábito é um esquema de ação, uma espécie de molde geral de comportamento, que aplicamos sem pensar a uma variedade de situações. Mães e pais se preocupam com a formação de bons hábitos nas crianças. A razão disso é o fato do ser humano ter o hábito de ter hábitos; se são bons, poupam tempo e abrem caminhos. Os hábitos são, por assim dizer, parafusados na gente mediante situações e exercícios que se repetem ("*Diga 'obrigado'*"). É por isso que não é fácil livrar-se deles, pois isso exige uma quantidade ainda maior de exercícios e repetições para que surja a disposição contrária.

Algo parecido deve ser dito sobre a aquisição da linguagem. Começamos a aprender a língua materna quando nascemos e nunca esgotaremos sua riqueza. O que aprendemos, quando aprendemos uma palavra? Elas têm um entrelaçamento complicado com o mundo. O aprendizado não é nem apenas das palavras, nem apenas do mundo, mas da forma como, na situação de aprendizado, o mundo e a palavra são conectados pelos cuidadores. Essa conexão é também uma espécie de filtragem, que pode ser bem-feita ou não. O mundo por vezes é espinhento e frio, pode faltar ou estar em excesso; dependendo de como ele chega para a criança, ao aprender uma palavra, ela pode não estar aprendendo nem o que a palavra significa, nem o que o mundo é.

A língua não é um sistema de rótulos, e os significados das palavras, para uma criança, estão ligados ao modo como o mundo é entregue a ela. Como devemos pensar as relações entre o aprendizado da língua materna e nosso amadurecimento? Vou voltar a esse tema mais adiante. O que eu quero agora é apenas sugerir que a *formação de hábitos* e a *aprendizagem da língua materna* precisam estar em nossa agenda de Filosofia da Educação, não como formas de conhecimento, mas como condições elementares e necessárias de nossa vida.

FONTES DO CONHECIMENTO

Até aqui tratamos de *tipos* de conhecimento: por meio da linguagem, por familiaridade, como saber fazer. Lembramos a importância dos hábitos e da aquisição da linguagem, como condições de aprendizagem. Vamos agora expandir nosso exame, para tratar de um tema clássico na Filosofia da Educação, a saber, as *fontes* do conhecimento. Há um acordo entre os estudiosos sobre quais são as principais fontes do conhecimento humano: *memória, percepção, testemunho e pensamento*.

A memória

Não é preciso exagerar a importância da memória como fonte de conhecimento. Basta lembrar o que aconteceria se esquecêssemos do que aprendemos na véspera. A memória é um alicerce do conhecimento humano, pois é sobre ela que construímos a maior parte da nossa aprendizagem. Talvez seja por isso que temos uma expressão que fala em "aprender de cor", que significa, etimologicamente, aprender de coração. Não há nada de errado em saber muitas coisas pelo coração, pois na nossa memória há muito mais do que aquilo que memorizamos. É verdade que não podemos basear o ensino escolar na "decoreba", pois isso significa apenas recitar uma fórmula sem compreender o significado dela. A memória é mais do que decoreba, no entanto. Lembramos uma oração que conforta, uma piada que diverte, um poema que anima, uma canção que encanta, fazendo com que a voz de outra pessoa seja, por algum tempo, a nossa voz. Decorar, na medida certa, faz bem para qualquer criança e a verdade disso é mostrada por elas mesmas, quando cantam suas músicas favoritas.

A percepção

A *percepção* é considerada a fonte clássica do conhecimento. Conhecemos muita coisa porque vimos, cheiramos, tocamos, ouvimos ou lambemos a coisa. Podemos dizer: porque nos *familiarizamos* com a coisa por meio de nossos sentidos. Os sentidos são as capacidades básicas do conhecimento. Aqui precisamos lembrar que essas capacidades funcionam de modo independente da aquisição desta ou daquela língua. Não precisamos falar uma língua para identificar que há um porco no jardim. Ouvimos os grunhidos dele; se o vento ajudar, sentimos o cheiro dele.

Os problemas filosóficos que surgem aqui dizem respeito à confiabilidade de nossos sentidos. Eles falham em algumas circunstâncias e nesses casos tomamos providências adicionais para avaliar a situação. Alguém tocou uma gravação de grunhidos de porco ou espalhou um pouco do estrume dele em nosso pátio. Convém então ir ao pátio e conferir. Os sentidos não são túneis sem comunicação uns com os outros. Eles estão ligados aos tipos de conhecimento, bem como às demais fontes: memória, pensamento, testemunho. O conhecimento humano não é um edifício de apartamentos no qual os moradores não se falam.

O testemunho

A memória e a percepção nos trazem muitos conhecimentos, mas se pensarmos bem, vemos que a maioria das coisas que sabemos foram ditas a nós por alguém pessoalmente ou por outros meios. É por essa razão que a Filosofia não esquece a importância do *testemunho* como fonte de conhecimento. Eu sei que na Itália há uma cidade chamada Verona porque pessoas, nas quais confio, me disseram isso. Outras pessoas, que não

As variedades do conhecimento

conheço pessoalmente, escreveram livros, com fotografias e outros documentos, e asseguram que existe essa cidade e que nela há uma casa onde teria vivido a menina Julieta Capuleto. A mesma coisa vale para o sabor do açaí e o horário do ônibus que eu preciso tomar. A vida seria miserável se não pudéssemos contar com o que as pessoas nos dizem sobre as coisas que não conseguimos ver, ouvir, tocar, cheirar ou lamber pessoalmente. Os problemas filosóficos aqui dizem respeito à confiabilidade das pessoas. Aprender a confiar, quem não sofre com isso, mas quem pode abrir mão?

O pensamento

A outra fonte de conhecimento é o *pensamento*. Pense na quantidade de coisas que a gente sabe apenas porque pensou, porque chegou a uma conclusão, somando dois mais dois. Podemos saber muitas coisas apenas ligando, de modo adequado, a afirmação *a* com a afirmação *b*. A criança tem um momento difícil quando começa a ligar esses dois pensamentos: *todos os seres humanos morrem; meus pais são seres humanos*. Ela apenas reuniu, em pensamento, duas afirmações que guardou em sua memória. Há mais coisas na memória do que aquilo que decoramos, lembra? Os problemas filosóficos aqui dizem respeito às formas como raciocinamos, e estão ligados aos estudos de lógica.

Memória, percepção, testemunho e pensamento são *fontes* básicas do conhecimento. Essas fontes proporcionam muitos *tipos* de conhecimentos: por familiaridade, habilidades, linguagem. A superposição de fontes e tipos de conhecimento produz uma rede extremamente rica, mas estamos longe de ter um quadro razoável das variedades do conhecimento. Temos que incluir nessa lista os objetos, as formas de consciência e a dimensão de publicidade e sociabilidade do conhecimento humano.

PENSAMENTOS DISCRIMINATIVOS E REFLEXIVOS

Julieta e Romeu se amavam muito, mas suas famílias eram inimigas e não aceitavam a união. Em uma cena da peça, Julieta sugere que eles renunciem aos sobrenomes. Ser um Capuleto ou Montéquio,

61

diz ela, não está escrito no corpo deles. Ela pergunta: o que chamamos "rosa" teria uma fragrância diferente com outro nome?

A pergunta de Julieta é repetida pelas crianças e pelo filósofo que mora dentro de nós, e tem uma resposta óbvia: o perfume da rosa e o calor do fogo são os mesmos, não importa como são chamados. A pergunta de Julieta ilustra a diferença entre duas formas básicas da consciência humana. Vamos chamá-las de consciência *discriminativa* e consciência *reflexiva*.

Os sentidos – audição, visão, tato, olfato, gosto – são, como já vimos, capacidades de discriminação. Há um universo de coisas que percebemos por meio deles, mas há muita coisa das quais temos consciência apenas se conhecemos algum tipo de código ou linguagem. Vamos chamar isso de *consciência reflexiva*. Ela indica o conhecimento humano que é essencialmente dependente do conhecimento de alguma língua. Veja esse exemplo. Julieta está em um restaurante na China e não fala nem lê a língua local. Para sorte dela, o cardápio traz não apenas os nomes dos pratos, mas também a fotografia deles. Julieta pode escolher seu prato sem ter uma surpresa quando ele chega à mesa. Depois de se alimentar, ela quer ir ao banheiro. Como saber qual é a porta? Julieta é uma sortuda. As portas têm os caracteres chineses, mas também tem *emojis* de feminino e masculino.

Não precisamos ir à China para entender a diferença entre essas duas formas de consciência. Se sou analfabeto, como sei qual ônibus tomar? Posso me guiar pelas cores. Para uma pessoa analfabeta, as letras e os números são riscos, desenhos, formas. A compreensão do significado deles depende da consciência reflexiva, que, por sua vez, somente entra em ação se temos a capacidade de discriminar formas, cores etc. Quando vemos as letras e os números sem a capacidade reflexiva, linguística, vemos apenas formas.

Precisamos da distinção entre essas duas formas de consciência porque ela permite compreender melhor a estrutura do conhecimento humano. Há coisas que podemos saber apenas com base em nossos sentidos, há coisas que somente conhecemos quando dominamos um código. Essa diferença é fundamental para a compreensão do desenvolvimento humano, pois a aquisição do código alfabético é um acontecimento tardio na vida da criança. Isso significa que a vida cognitiva dela, antes da aquisição da linguagem, tem outras características.

AS COISAS QUE CONHECEMOS

A distinção entre pensamentos discriminativos e pensamentos reflexivos é essencial para uma boa compreensão do desenvolvimento humano. O bebê não espera aprender a falar para ter pensamentos sobre a forma como está sendo cuidado. Ele pensa desde que nasce ou mesmo antes. Assim, precisamos de um vocabulário para mapear essa região. Isso é feito pela Psicologia e pela Filosofia mediante essa distinção entre a consciência *discriminativa* e a consciência *reflexiva*. Ela é importante para o estudo das atividades escolares, em especial em suas fases iniciais. Ela está ligada a outra distinção necessária na Filosofia da Educação, sobre os *objetos* do conhecimento humano.

Quais são os grandes objetos de conhecimento? A filosofia fala em conhecimento *do outro*, no conhecimento *do mundo* e no conhecimento *de si mesmo*. "Outro" quer indicar aqui as outras pessoas; "mundo", por sua vez, indica os objetos materiais, mas também os objetos simbólicos, institucionais, como as leis e o dinheiro, o conhecimento dos números, da sociedade e da história.

Há uma ligação importante entre o conhecimento do outro e o conhecimento do mundo, pois somos *também* coisas no mundo. Somos corpos, ocupamos lugar no espaço e no tempo, mas somos também e principalmente *pessoas*. Pessoas têm algo que a gente chama de "si mesmo". O conhecimento de si mesmo, segundo a Filosofia, é difícil e fácil. O autoconhecimento é *difícil* porque é razoável pensar que não somos bons juízes de nós mesmos. O autoconhecimento é *fácil* porque é razoável pensar que nos conhecemos melhor do que ninguém. É provável que a verdade sobre isso esteja em algum ponto intermediário. Essa distinção entre *conhecer pessoas* (psicologia, história, vida social), *conhecer o mundo* (coisas da natureza, coisas institucionais, fatos, processos) e

63

conhecer a gente mesmo, pode ser enriquecida por aquilo que vimos sobre a diferença entre discriminar e refletir. Quando adquirimos a língua materna, essas dimensões se enovelam.

O SABER PRESSUPOSTO

Pense em um *iceberg*. A imagem que surge é a de uma montanha de gelo flutuando no oceano. *Icebergs* são blocos de gelo que se separam de geleiras e flutuam ao sabor das correntes. Eles não afundam porque são constituídos por água doce, cuja massa específica é diferente da água salgada onde ele vai navegar, e a diferença de massas possibilita a flutuação. Os *icebergs* são monitorados, porque a solidez deles é suficiente para afundar navios em caso de colisão, como aconteceu com o Titanic.

Muito de um *iceberg* não é visível (a maior parte de sua massa está submersa) e a mesma coisa se passa com os conhecimentos humanos. Vou usar o exemplo do *iceberg* como uma metáfora para essa dimensão fundamental do conhecimento humano. Ela tem sido chamada por diversos nomes: conhecimento tácito ou implícito, sistema de pressuposições, hábitos, esquemas. Essas noções podem ser incluídas na metáfora do *iceberg*, que significa então apenas isso: sabemos mais do que aquilo que conseguimos verbalizar.

Vejamos o caso da noção de "conhecimento implícito". Vamos retomar o exemplo da alfabetização. A criança revela um conhecimento implícito do conceito de sílaba quando consegue dizer quantas delas há em uma palavra. No começo da alfabetização, pedimos para a criança prestar atenção nos sons que fazemos quando pronunciamos uma palavra. Ela fica atenta à fonação, à emissão de sua própria voz, e consegue dizer quantas sílabas há em "banana". Ela precisa de tempo para *explicitar* o conceito de sílaba. Não é importante, naquele momento, dizer que a sílaba é o fonema ou o grupo de fonemas pronunciados numa única emissão de voz. Essa demora não atrapalha a alfabetização. Se ela consegue dizer quantas sílabas há em uma palavra, fica implícito que, em algum sentido relevante, mas não articulado e explícito, ela sabe o que é uma sílaba, pois não erra nas contagens que faz. Aquilo que a criança consegue expressar em palavras é apenas uma parte das coisas que ela já sabe, mas não sabe explicitar. Isso só vai aumentar com o tempo. Voltando à metáfora do *iceberg*, podemos dizer que conseguimos articular em palavras apenas uma pequena porção da nossa vida cognitiva.

O reconhecimento dessa interação entre a dimensão *implícita* e *explícita* de nossas ações e saberes é fundamental para o trabalho pedagógico. Quando dizemos que sabemos *fazer* algo, mas não sabemos *explicar* como fazemos isso, estamos nos referindo a essa vasta região de saberes humanos, que começa na corporalidade e vai até as intuições simbólicas mais elevadas. Pense na situação de alguém que sabe arremessar pedras em um alvo com grande precisão. Ele sabe fazer isso, mas sua melhor explicação é dizer que treinou. Isso não é uma boa explicação, pois há quem treine muito e não tenha o menor sucesso no arremesso de pedras. Essa dimensão de nossas vidas é também chamada de "operatória". A expressão se refere a um grande número de capacidades que exercemos desde que nascemos. A mamada revela isso. Sugar o seio é uma atividade altamente complexa, mas delimitada, que envolve a visão, o tato, a aplicação dos lábios com certa pressão e movimentos simultâneos, sempre prestando atenção aos movimentos do outro. Há um saber que "opera" nesse momento, que não supõe a capacidade de uma explicitação conceitual e linguística. Essa dinâmica entre o que sabemos implicitamente e o que sabemos de forma conceitual, articulada, se mantém pela vida afora.

O psicólogo Jean Piaget empregou a palavra "esquema" para designar as estruturas invariáveis que usamos para lidar com certas classes de situações. Jogar uma pedra, por exemplo, é uma ação que faz parte de uma *classe de ações semelhantes*, como jogar a mamadeira, jogar a boneca, jogar a bola. O "esquema" é uma espécie de núcleo invariante e misto de ação e cognição, que está presente de forma implícita sempre que jogamos algo. É como se tivéssemos, a cada vez, que fazer cálculos sobre o peso da pedra, a distância, o impacto que queremos causar no alvo; não fazemos nenhum cálculo explícito nem tampouco sabemos explicar como é que fazemos isso.

O filósofo Ludwig Wittgenstein (1889-1951) ocupou-se com esse tema. Ele chamou a atenção para o fato de que o aprendizado infantil está baseado em uma relação de confiança da criança no ambiente de cuidados que a cerca. Quando ensinamos uma criança a fazer um pequeno cálculo, também lhe ensinamos a confiar em nós e nos números ou isso fica pressuposto? De que modo uma criança aprende a confiar? De que modo uma criança aprende a dizer a sequência dos números naturais, a acreditar em Deus, que as galinhas não dão leite, que os passarinhos não são borboletas? A criança vai sendo introduzida aos poucos em um sistema de convicções, pressuposições, juízos, formando-se assim um quadro de referência. Esses aprendizados não esperam pelo desenvolvimento das capacidades linguísticas e conceituais. Quando a criança começa a falar, esse quadro de referência cresce e fica cada vez mais distante daquilo que ela é capaz de verbalizar.

Na Sociologia da Educação há uma versão desse tipo de conhecimento que foi introduzida por Pierre Bourdieu. É a noção de "hábito". A versão clássica desse conceito, a de Aristóteles, diz que o hábito é uma disposição de comportamento que incorporamos e que nos prepara para uma vida eticamente boa. Vem daí o debate sobre a importância da formação de bons hábitos. A forma como Bourdieu usa a expressão faz parte dessa tradição, mas é mais restrita. O *habitus*, como ele escreve, é tudo aquilo que adquirimos e que passa a fazer parte da gente, do nosso corpo, na forma de disposições de comportamento que colocamos, como se diz, no automático. É como se o ambiente social entrasse em nós e organizasse a nossa vida.

CONHECIMENTO HORIZONTAL E VERTICAL

Vamos incluir nessa lista de variedades do conhecimento a distinção entre os conhecimentos *comuns* e cotidianos, que aprendemos junto aos grupos de convivência familiar, e os conhecimentos *sistematizados* e organizados pelas comunidades de especialistas. As relações entre esses tipos de conhecimentos são objeto de discussão e polêmica na tradição filosófica e pedagógica. A distinção se apresenta com a mesma intensidade em todas as regiões de um país ou no mundo? Como devemos lidar, pedagógica e didaticamente, com os casos nos quais o saber dos especialistas confronta o saber comunitário? De que modo as políticas curriculares devem negociar as relações entre esses saberes?

A literatura sobre esse tema é abundante. Jürgen Habermas, Anthony Giddens, Basil Bernstein são autores que trataram dessa distinção. Bernstein, por exemplo, sugeriu a adoção de um vocabulário alternativo. Ele fala em conhecimentos *horizontais* e *verticais*. A analogia é simples. O conhecimento horizontal é o que eu aprendo com minha família e com a nossa vizinhança, com os artesãos da comunidade, o que me vem das ruas onde moro. Ele é adquirido, por assim dizer, numa relação de proximidade e igualdade comunitária. O conhecimento vertical, que é uma das bases do conhecimento valorizado no currículo escolar, tem uma organização independente dos seus portadores. É o saber produzido pela comunidade dos cientistas. A relação aqui consiste em, por assim dizer, olhar para cima e para longe, e não para meus próximos.

Vou apresentar agora essa variedade de usos de "conhecimento" em um quadro:

Figura 2 – Variedades do conhecimento

Tipo de conhecimento:	Familiaridade	Habilidade	Por meio de linguagem	
Fonte de conhecimento:	Percepção	Memória	Pensamento	Testemunho
Objeto de conhecimento:	O outro	O mundo	De si mesmo	Objetos formais
Forma de consciência:	Consciência discriminativa		Consciência Reflexiva	
Publicidade do conhecimento:	Tácita, pressuposta		Explícita, codificada	
Dimensão social do conhecimento:	Cotidiana, horizontal		Curricular, vertical	

O quadro não tem a pretensão de ser completo. Falta, por exemplo, ampliar o papel que a linguagem tem na cognição humana. Sem isso não podemos compreender o intrigante fenômeno do "conhecimento do conhecimento", a chamada "metacognição". Eu já adiantei um pouco esse tema, e voltaremos a ele logo a seguir. Esse quadro serve perfeitamente, no entanto, como a moldura que precisamos para fazer essa pergunta: *existe uma definição unificadora da variedade dos conhecimentos humanos?*

De forma semelhante ao que vimos com o conceito de educação, existem muitas formas de uso da expressão "conhecimento". O verbo "conhecer" (ou "saber") tem um comportamento semelhante a "educar". São, como disse Lewis Carroll, palavras de mau gênio, não podemos fazer com ela o que bem entendemos. Essas expressões são como mingau quente, que devemos comer pelas beiradas. Tanto quanto sei, não há uma definição unificadora, nem de "conhecimento", nem de "educação", e isso deve valer como uma advertência contra as visões simplificadoras e como impulso para valorizarmos melhor a riqueza e a complexidade do desenvolvimento humano.

Textos complementares

Cada um de nós constrói uma imagem da realidade, mas... (Marcia Cavell)

Sim, cada um de nós constrói uma *imagem* da realidade. Não há duas imagens idênticas. Todas são passíveis de revisão. O que continua a puxar-nos de volta à prancheta de desenho é o próprio mundo. (2006: 72)

A dúvida vem *depois* da crença (Ludwig Wittgenstein)

A criança aprende a acreditar num grande número de coisas. Isto é, aprende a atuar de acordo com essas convicções. Pouco a pouco forma-se um sistema daquilo em que acredito e, nesse sistema, algumas coisas permanecem inabalavelmente firmes, enquanto algumas outras são mais ou menos suscetíveis de alteração. Aquilo que permanece firme não o é assim por ser intrinsecamente óbvio ou convincente; antes aquilo que o rodeia é que lhe dá consistência. (1990: §144)

Em criança aprendemos fatos; por exemplo, que todos os seres humanos possuem um cérebro, e acreditamos neles. Acredito que existe uma ilha, a Austrália, com determinada forma etc., etc.: acredito que tive bisavós, que as pessoas que se declararam meus pais eram realmente os meus pais, etc. Esta crença pode não ter sido nunca expressa; mesmo o pensamento de que era assim pode nunca ter sido pensado. (1990: §159)

A criança aprende acreditando no adulto. A dúvida vem *depois* da crença. (1990: §160)

O aprendizado do significado do amor (Stanley Cavell)

E podemos também dizer: Quando dizes "eu amo meu amor", a criança aprende o significado da palavra "amor" e o que é o amor. *Isso (aquilo que fazes) será* amor na vida da criança; e se isso está mesclado de ressentimento e intimidação, então o amor é uma mescla de ressentimento e intimidação, e quando buscar o amor, *isso* será o buscado. Quando dizes "te levarei a passear amanhã, prometo" a criança começa a aprender o que é a duração temporal, e o que é *confiar*, e aquilo que fizeres mostrará o valor que a confiança tem. Quando dizes "coloca tua blusa", a criança aprende o que são as ordens e o que é a *autoridade*, e se dar ordens é algo que produz ansiedade em ti, então as autoridades são ansiosas, a autoridade mesma é insegura.

Naturalmente a pessoa, ao crescer, aprenderá outras coisas sobre esses conceitos e também sobre esses "objetos". Todas essas coisas irão crescendo gradualmente segundo vá crescendo o mundo da criança. Mas tudo o que ela ou ele sabe sobre as mesmas é o que aprendeu, e tudo o que aprenderam formará parte do que são. E como será o dia em que a pessoa "se dê conta" do que "ele acreditava" que era o amor, a confiança, a autoridade? E como deixa de acreditar? O que aprendemos não é apenas o que estudamos; e o que se nos ensinou não é apenas o que se pretendia que aprendêssemos. O que temos em nossas memórias não é apenas aquilo que memorizamos. (1982: 177)

Os portais
simbólicos

Nosso ponto de partida foi o uso intuitivo da expressão "educação". Procuramos trocar em miúdos uma compreensão comum da educação, com a ajuda de algumas ferramentas filosóficas. Avançamos um pouco na exploração das variedades do desenvolvimento e do conhecimento humano. Vamos agora explorar um pouco mais os temas do desenvolvimento e da aprendizagem que estão ligados à linguagem. A linguagem simbólica é o *portal* da humanidade.

A excursão que fizemos no capítulo anterior sobre as variedades do conhecimento preparou o terreno para esse tema. Ali eu situei a linguagem simbólica como aquela que nos permite dizer coisas como "*que* a terra é redonda". Uma afirmação como essa, no entanto, depende de habilidades e familiaridades como a de dar passos e contar, reconhecer uma coisa como a *mesma* coisa etc. A discussão sobre a criança mostra que o crescimento de um ser humano não depende apenas da vontade dele. Há biologia em nós, somos dependentes de colo, comida e calor por muitos anos. O cérebro cresce, os dentes e cabelos nascem e depois caem, as mãos e pernas se desengonçam até conseguirem equilíbrio e depois tudo decai. A imaturidade humana é prolongada e o ritmo da vida é lento.

Os adultos precisam prover, como vimos com Kant, *cuidado, trato.* Enquanto bebês, aprendemos muito, todos os dias, mas não cuidamos de nós mesmos no que diz respeito àquelas coisas sem as quais duramos pouco: colo, comida, bebida, limpeza, sorrisos e empatia. Até quando precisamos desses cuidados? Podemos um dia dispensá-los?

O SALTO QUÂNTICO

Saudamos com entusiasmo os primeiros passos de uma criança. Ela começa com o apoio adulto, depois anda sozinha, pouco e desajeitadamente, e um belo dia ela não para mais. O território da criança se amplia com esse pequeno salto. Ela exige mais atenção, pois pode ir, por sua própria conta, a todo lugar. Com o domínio da linguagem simbólica, a criança dá um salto quântico (Rochat, 2004: 187). Ela espia o mundo sem sair de casa. O portal da linguagem simbólica abre um novo mundo de aprendizagens.

Por que a linguagem simbólica é o portal da humanidade? Dizendo de uma forma bem simples, uma coisa é uma criatura viver a vida na dependência das próprias pernas, colhendo as ofertas do ambiente imediato com as mãos nuas. A vida dela é da mão para a boca, dia depois de dia, oportunidade depois de oportunidade, sem futuro, sem passado. É coisa bem diferente viver em um mundo no qual há o futuro e o passado, e eles estão no presente.

Pense na domesticação das plantas. Plantar significa pensar no futuro, lembrar de fomes passadas, avaliar resultados e ter esperanças. A criatura que domina a linguagem simbólica não vive apenas na realidade imediata. O passado, o futuro e as criaturas imaginárias habitam seu cotidiano: leis, reis, dinheiro, por exemplo. A criança, depois de passar por esse portal, começa a falar de coisas que não vê, não toca e não cheira. Ela entende que uma palavra, que é um som, pode representar uma coisa que está longe, ausente, e tem existência duvidosa, como a fada do dente.

O que é a linguagem simbólica? Eu vou usar como sinônimo de linguagem simbólica a expressão "linguagem proposicional", um termo muito usado na Filosofia. Vamos nos entender sobre isso. A linguagem é chamada de "simbólica" porque ela é composta por sinais que foram produzidos pela humanidade de forma arbitrária, tanto nas línguas faladas quanto nas línguas escritas. Há também sinais naturais. Os sinais naturais que produzimos são importantes. A gente não apenas ri e chora, mas ri de tanto chorar e chora de tanto rir; basta olhar para um rosto humano e ver mundos. Combine o rosto com o tronco, os braços, as mãos e temos mais mundos. Podemos dizer muitas coisas com esses sinais naturais, mas há um limite claro para a expressividade corporal. Não conseguimos, apenas por meio de gestos, dizer que amanhã já estaremos com saudades de nossa amiga, e que esperamos ansiosamente o próximo encontro, no ano que vem. Para isso precisamos de um tipo especial de sinal, os *signos linguísticos*.

Qualquer coisa pode ser um signo, pois qualquer coisa pode, em algum sentido, indicar uma outra coisa. O sorriso do bebê, por exemplo, como sabe a mãe, *indica* que vai tudo bem. A definição tradicional de signo é essa: *algo que, em algum sentido, está no lugar de outra coisa.* Vamos por partes. Se esse *algo* é uma coisa material, como o cocô da criança, cuja consistência indica que ela vai bem nesse setor da vida, falamos em sinais ou signos *naturais;* a temperatura do corpo e a umidade da pele, por exemplo. Se esse algo é uma palavra, falamos em *signos arbitrários ou linguísticos.*

A LINGUAGEM PROPOSICIONAL

A linguagem humana é chamada de "proposicional" porque a usamos para *propor* todo tipo de coisa. Para entender isso, temos que lembrar que a linguagem que falamos é composta, *grosso modo*, por dois grupos de signos arbitrários. Um desses grupos é composto pelas expressões que usamos para *indicar* algo, e o outro pelas expressões usadas para *caracterizar* esse algo. Explico.

Se a criança diz "sorvete bom", ela fez duas coisas ao mesmo tempo: indicou algo, "o sorvete", e qualificou-o. Se Julieta diz "Amo Romeu", ela indicou alguém do mundo e caracterizou sua relação com ele. É um pouco forçado dizer que a criança está *propondo* que o sorvete é bom, é um pouco forçado dizer que Julieta está *propondo* que ama Romeu. É preciso um pouco de boa vontade para ver "proposições" em frases assim tão simples, mas é por aí que iremos. Afinal, ao ver a criança comendo sorvete sem o consentimento dela, a mãe fez uma leve repreensão, dizendo que sorvete pode ser bom, sim, mas faz mal, se a gente come muito. É uma *proposta* que a criança vai entender com o tempo. A "proposição", como a entendem os filósofos, é uma espécie de apresentação de uma situação: "*que*: sorvete é bom"; "*que*: Julieta ama Romeu". O sorvete pode estar estragado, Julieta pode estar enganada.

Agora imagine que a criança está passeando com a mãe e pede um sorvete. Não há sorveteiros por perto. A mãe responde que, infelizmente, não há nem sombra de sorvete por ali. O que aconteceu nesse caso? Ambas estão falando de coisas que não estão vendo e estão dizendo, daquilo que não estão vendo, que há *nada* daquilo ali. Como a criança entende esses *nadas* e *nãos*? A passagem pelo portal da linguagem simbólica está por detrás do pequeno grande mistério do *não*. A mãe estende a colher para a criança comer, e isso é uma *proposta* para ela abrir a boca e comer. A criança gira a cabeça para os lados. A *proposta* dela é outra. "*Isso*, não!" Veja que o "isso" é o indicador de algo particular, veja que o "não" é o classificador. Isso acontece desde que ela começa a fuçar com mais curiosidade o seio da mãe. A travessia do portal da linguagem começa muito cedo, bem antes dos dois anos.

O sistema linguístico-proposicional, quando é acoplado a outros sistemas cognitivos, como os mapas e os calendários, é o maior *buscador* que existe. Ele cria a incrível capacidade de navegação cognitiva humana, na terra, no mar e no ar, mas também no passado, no presente, no futuro, em mundos imaginários, povoados por deuses, demônios, ideais, utopias, sonhos, esperanças, monstros e tragédias.

"Linguagem" designa não apenas línguas como o português e o italiano, mas também a linguagem dos animais. Dizemos que há linguagem musical, visual, corporal, matemática, de computadores, e assim por diante. Diante dessa diversidade de usos, temos que compreender as características que permitem colocar juntos computadores, golfinhos e Bach.

Quando dizemos que algo é linguagem, a condição que deve estar presente é que esse algo tenha alguma *materialidade.* Em qualquer linguagem algo precisa ser manipulado, visto, ouvido. É preciso também que exista alguma regra para a combinação desses sinais materiais. Outra forma de dizer isso é que toda linguagem precisa de um *estoque de signos* e de *algumas regras* para a combinação desses signos. Como dizem os gramáticos, para que algo seja uma linguagem é preciso ao menos um *léxico* (palavras, por exemplo) e de uma *sintaxe,* as regras de combinação das palavras.

Podemos agora situar melhor a linguagem em uma linha de desenvolvimento humano. Há um consenso entre os estudiosos que o domínio da linguagem é um processo que começa com as conversas entre a mãe e o bebê desde o nascimento. A forma peculiar com que os cuidadores se dirigem às crianças é chamada de protoconversa, também conhecida como *manhês*, tradução usada no Brasil para a expressão inglesa *motherese*. A importância da linguagem no desenvolvimento humano pode ser avaliada pelo fato de que o *bebê* começa a ser visto como uma *criança* quando passa da fase de protoconversas para as primeiras expressões em sua língua materna. É um período longo, que vai do final do segundo até o quarto ano de vida, aproximadamente, quando a criança já pode ser vista como um pequeno adulto, do ponto de vista do domínio da linguagem: ela tem um vocabulário razoável, cria frases corretas, consegue contar pequenas histórias e argumenta sem piedade. Ela está passando pelo portal do simbolismo. A melhor prova disso é que ela começa a perceber a distinção entre o "de verdade" e o "faz de conta". Mais do que isso, ela começa a entender a diferença entre uso literal e o uso metafórico da linguagem, entende a graça de piadas absurdas e brinca com as palavras. Ela faz a linguagem voltar-se sobre si mesma. É o que os filósofos chamam de reflexão.

A CRIANÇA E A METÁFORA

As metáforas mais famosas na educação foram inspiradas na vida das plantas. Uma delas é a do "jardim da infância", a outra é a do "florescimento humano". A expressão "jardim da infância" foi cunhada pelo pedagogo alemão Friedrich Froebel, que fundou a primeira pré-escola, em 1837. Ele comparou a criança a uma planta que precisa ser cuidada para que floresça bem. A ideia de educação como amparo ao florescimento humano remonta aos gregos. Ela foi retomada nas últimas décadas pela Filosofia da Educação. No momento, vamos continuar refletindo sobre as variedades do conhecimento humano, incorporando agora aspectos do desenvolvimento humano ligados essencialmente à linguagem e ao uso de metonímias e metáforas. Elas ocupam um lugar central na vida cognitiva, a partir de nossa passagem pelo portal simbólico.

Um marco na história dos estudos da metáfora são os livros de Hannah Arendt (*A vida do espírito* (1978)) e de George Lakoff e Mark Johnson (*Metáforas da vida cotidiana* (1980)). Vamos lembrar o básico: a metáfora é uma permissão para falar de uma coisa nos termos de outra. Aristóteles a definiu como o *transporte* do nome de uma coisa para outra. Com a metáfora queremos entender melhor uma coisa com a ajuda de outra que nos parece mais compreensível. Para fazer isso, procuramos algum tipo de relação de *semelhança* entre elas.

A metonímia é semelhante à metáfora, pois ela também liga duas coisas diferentes, que possuem algum ponto de contato entre elas. Nas metonímias, as duas coisas comparadas estão juntas, de alguma forma. Quando dizemos que estamos lendo Shakespeare, entende-se que estamos lendo um livro escrito por ele. Se o pai de Julieta diz que a família dela não pode incorporar sangue inimigo, temos uma metonímia, pois essa expressão designa Romeu. As metonímias estão baseadas em relações de *contiguidade*: uma coisa está junto, está dentro, perto ou faz parte da outra. A metonímia mais popular é aquela na qual tomamos a parte pelo todo.

Quando Romeu come melancia e fica com o nariz sujo de caldo, Julieta pode dizer, carinhosamente, que ele é um *porquinho*. Veja que os limites entre as metonímias e as metáforas nem sempre são muito claros. Julieta sugere que os porcos são sujos, Romeu está sujo, portanto é um *porquinho*. A *porquice* não é uma parte da gente, mas pode ser transportada para nós, em algumas situações.

A metáfora e a metonímia não são apenas figuras de linguagem. Os estudos sobre a metáfora e a metonímia cresceram, e hoje há um consenso que elas são recursos cognitivos indispensáveis para a ampliação do conhecimento humano. Isso vale para as crianças, desde a mais tenra idade. É com a ajuda delas que as crianças fazem as explorações conceituais sobre a vida e a morte, falando sobre as mamães e os papais que habitam o céu. Isso vale tanto para a reflexão cotidiana de crianças e adultos, quanto para as ciências. Sem o apoio de analogias e metáforas ficamos limitados ao mundo imediato, visível, que é dado aos nossos sentidos. Nesse mundo ligado aos sentidos, usamos expressões como "ver uma árvore" porque a estamos vendo; no mundo das metáforas nós podemos "ver uma ideia", mas isso é, no final das contas, um jogo da nossa imaginação. As metáforas são possíveis porque existem usos literais da linguagem. Isso se dá naquelas expressões ligadas à nossa presença corporal no mundo, que ocorre de uma forma independente da linguagem e dos significados culturais. Tropeçar em uma pedra, cair em um buraco ou levantar o braço são expressão que significam, literalmente, apenas essas coisas mesmas. "Tropeçar em uma dificuldade", "levantar o ânimo" e "cair em depressão" são metáforas baseadas nos usos literais.

Hannah Arendt afirmou que o uso da metáfora é uma condição para a reflexão filosófica e para a vida do espírito. A metáfora nos permite ir além do mundo que experimentamos sensorialmente. Os cinco sentidos proporcionam a experiência do mundo enquanto aquilo que nos *aparece*, enquanto aquilo que pode ser vivenciado a partir de nossas capacidades cognitivas instaladas. Desde a primeira mamada, no entanto, surge uma teia de relações com o mundo e com as pessoas que nos leva ao portal da linguagem. Com a linguagem, surge no desenvolvimento humano a capacidade da metáfora. A vida do espírito não existe sem ela. É nela que vivemos, como seres humanos, e por isso devemos pensá-la como um espaço intersubjetivo.

Vou insistir que o uso de metáforas e metonímias não é um privilégio dos adultos. Os estudos de desenvolvimento infantil indicam que as crianças têm pensamento metonímico e metafórico já nos anos iniciais de aquisição da linguagem (Cameron e Low, 1999). O uso das metáforas é essencial em nossas vidas, mas é apenas uma parte das aprendizagens simbolizadoras. A atenção que a criança presta no comportamento da mãe, por exemplo, evolui para a atenção *naquilo* em que a mãe está prestando atenção, e, a partir desse momento, surge a atenção ao mundo de forma partilhada, a triangulação entre o bebê, a mãe e o mundo. O bebê aprende a ver *intenções* na mãe e esse aprendizado será essencial para o surgimento do mundo dos significados.

O significado linguístico é, em certo sentido, um *querer dizer algo*, uma *intenção* que vem junto a um som. A criança, aos poucos, faz distinções entre a brincadeira, o sonho, a imaginação, o faz de conta e a realidade. Em seguida ela faz uma das aprendizagens humanas mais importantes, que consiste em ser capaz de pensar não apenas sobre o mundo, mas também sobre seus próprios pensamentos. Essa distinção, entre os pensamentos que temos sobre coisas (pessoas, fatos), que são chamados de "pensamentos de primeira ordem", e os pensamentos que temos sobre nossos próprios pensamentos, os "pensamentos de segunda ordem", será retomada mais adiante. Eu a menciono aqui porque o recurso às metáforas nos permite pensar melhor sobre nossos próprios pensamentos. A filosofia serve, entre outras coisas, para pensar sobre os conhecimentos implícitos, que nos governam sem que a gente se dê por conta.

A METONÍMIA E A PEDAGOGIA

Volto então às metonímias e metáforas, para introduzir uma questão que não é possível mais adiar. Podemos pensar filosoficamente a educação sem o recurso de metáforas? Pode *não* haver metáforas na Pedagogia? Se Hannah Arendt tem razão, não há alternativa. Ou bem usamos metáforas para pensar a educação ou usamos algo parecido com elas. O que há de parecido, nesse caso, são as metonímias.

Pense, por exemplo, no caso do uso de expressões como "reprodução" e "emancipação", para caracterizar a educação. Nesses casos não usamos metáforas, e sim metonímias. "Reproduzir" é uma das funções de qualquer sistema educacional, pois temos que preservar a língua materna e os valores e os conhecimentos que são indispensáveis para a continuidade da vida. A educação precisa manter grande parte da herança cultural. A transmissão é uma *parte* importante de qualquer conceito de educação.

Da mesma forma, qualquer sistema de educação, formal ou informal, deve levar a alguma emancipação da pessoa. O educando deverá, um dia, ser capaz de viver com alguma autonomia, sem depender de cuidadores. Ele vai depender de muito mais gente, é claro, mas isso faz parte da vida.

A força dessas metonímias, "reproduzir" e "emancipar", vem do fato que elas apresentam uma *parte* da educação pelo *todo* dela. Elas apontam para uma parte importante dos objetivos da educação, mas há outras, como já vimos com Hannah Arendt e Kant. Para apontar para esse *todo* que é a educação precisamos de boas metáforas, e não apenas de metonímias. Antes de encarar com profundidade essas questões difíceis, temos que preparar mais o terreno.

Há mais coisas em jogo, além dos símbolos, das metáforas e das metonímias.

ÂNCORAS PARA A LINGUAGEM

Se soubéssemos bem o que é a educação, não haveria a discussão sem fim sobre os objetivos e as finalidades dela. A região coberta pelo conceito de educação é vasta demais para caber em uma definição, e a solução é continuar escolhendo bem as palavras e as metáforas. Por outro lado, nem tudo é linguagem, metáfora e simbolismo na vida humana. Vamos voltar um pouco mais à primeira mamada.

Na mamada o bebê mostra que tem a *habilidade* para sugar e mamar, ele *discrimina* o seio, fixa sua *atenção* nele, se *familiariza*, começa a adquirir *hábitos*. Ele percebe que mamar, sentir-se bem e interagir com outro ser vivo são coisas que vão juntas. A atividade de sugar liga-se a um estado confortável de saciedade e, com isso, muitas coisas começam a ser reunidas em sua mente. Há comida, gente, roupas, olhares, prazeres. O bebê começa a ligar coisas com coisas. Nessa fase, quase tudo é *implícito*, a linguagem é feita de cantorias e sorrisos, sem conceitos *explícitos*. Veja que estou falando aqui de formas básicas de conhecimento, ligadas à nossa capacidade corporal de *discriminar* formas, volumes, superfícies, temperaturas, pressões. Há muitas outras formas e dimensões do conhecimento, como já vimos, e para complicar um pouco mais, essas formas se distribuem de muitos modos ao longo de nosso desenvolvimento. A habilidade de sugar e mamar é uma espécie de *capacidade instalada* no bebê, que não surge do nada, pois somos organismos, e assim várias dessas capacidades estão instaladas em nós desde o nascimento. *Discriminar* é uma delas. A forma básica de consciência com a qual começamos a vida é de tipo *discriminativo*: discriminamos olhares, sorrisos, temperaturas, texturas, sons e dores.

Antes da linguagem articulada, que se anuncia apenas depois de uma vintena de meses, há o *manhês*, essa linguagem que as mães e cuidadores entendem bem, mas que ainda é primitiva. Aqui surge a pergunta sobre se existe uma linha divisória nítida entre crescimentos naturais e culturais. Essa primeira linguagem, também chamada de protolinguagem, por exemplo, é natural ou cultural? É tentador pensar que o nosso crescimento biológico é um fato da natureza e que as nossas aprendizagens são fatos da cultura, ou que uma linguagem é natural e a outra é cultural. Talvez as coisas não sejam tão simples assim.

Mamar, por exemplo, é "natural" ou "cultural"? A mamada é uma atividade organizada e complexa, como já vimos. O seio vem com carinho e leite morno, a fumaça vem com o fogo, o raio vem com trovão, o colo vem com mornidão e amor, a cara feia traz uma dor. Julieta, quando era bebê, percebia que essas coisas estavam ligadas de uma forma evidente. Essas ligações são transparentes.

TRANSPARÊNCIA E OPACIDADE

Vou sugerir aqui uma distinção entre *ambientes transparentes* e *opacos* em relação ao conhecimento. A expressão "transparente", aqui, está sendo usada no sentido comum, de coisas que aparecem através de outras, de uma forma completa ou parcial, ou ainda aquilo que podemos ver na superfície das coisas, diretamente. A água no copo, o vidro da janela, a tristeza no rosto, são transparentes, nesse sentido amplo. A parede de tijolos é opaca, não conseguimos ver o que há do outro lado. Agora vamos transportar esses conceitos para a aprendizagem humana.

Vou então caracterizar esses dois ambientes, *opaco* e *transparente*. O ambiente opaco é aquele no qual a nossa movimentação é dependente do conhecimento de códigos culturais, que aprendemos por meio de outras pessoas. Os ambientes transparentes são aqueles nos quais navegamos apenas com a ajuda das capacidades instaladas desde o nascimento. A vida cotidiana de uma pessoa que fala e escreve português é uma mistura fina e rica desses ambientes, mas a distinção entre eles não é nem sutil nem fraca. Querem ver? Basta que a navegação na internet termine em uma página em chinês para que a gente fique vendo apenas risquinhos sem sentido; basta que o aparelho de surdez deixe de funcionar para que aquilo que outra pessoa está dizendo seja apenas um movimento de lábios.

Vocês já devem ter ouvido falar em Hellen Keller (1880-1968). Ela ficou surda e cega antes de completar 2 anos. Até os 7 anos de idade ela somente se comunicava mediante sinais fixos, como ocorre com os animais. O mundo de Hellen Keller era o que ela podia sentir em seu corpo, com seu corpo: os toques de outras pessoas, o contato com objetos, odores, sabores, calor, frio, vento, pressão. Seu mundo era o que aparecia ao tato, odor e gosto. Ela vivia em mundo completamente *transparente*. Aos 7 anos de idade seus pais contrataram uma tutora, a sra. Sullivan, que ensinou inglês a Hellen usando a capacidade dela de *discriminar* sinais na palma da mão. Os sinais funcionaram como um alfabeto que lhe permitiu, depois de alguns anos de prática, até mesmo escrever livros. Com o aprendizado do inglês, Hellen Keller passou a navegar no mundo opaco da linguagem.

Uma aprendizagem transparente acontece quando vemos que dois fatos estão ligados de forma evidente. Por exemplo, vemos uma criança chorando e se contorcendo no chão, apertando a barriga. Ela é magra, as costelas estão à mostra, lágrimas correm pelo rosto. Pode ser dor de fome, pode ser dor de uma costela quebrada. É evidente que é dor. O critério que usamos nesse caso para ver que ela está em sofrimento é o mesmo da mamada. Há aprendizagens que transcendem a separação entre natureza e cultura.

As aprendizagens que surgem com a primeira mamada, antes de serem naturais ou culturais, são em ambientes de *transparência*. A criança *vê* essas ligações, por assim dizer, com os olhos de sua carinha. Assim, pensando na forma como a gente lida com o mundo através de nossas capacidades de percepção, ao invés de dizer que a mamada é "natural", eu vou dizer que ela é uma atividade organizada que une, de forma transparente, várias coisas: a mãe, o seio, o bebê, *roupas*, móveis, abraços, beijos e queijinhos. Podemos dizer aqui que *há cultura na natureza e há natureza na cultura*.

O bebê cresceu e agora é Julieta. Quando ela era bebê, não ia ao banheiro, o banheiro é que ia até ela, na forma de fraldas. Alguns anos depois, ela começou a ir sozinha. Quando foi a um restaurante pela primeira vez, sua mãe mostrou onde ficava o banheiro. Julieta foi à

China e localizou o banheiro porque havia um desenho na porta. Há crescimento e desenvolvimento nela, mas principalmente há *muita* aprendizagem, e boa parte dela é para lidar com a *opacidade* das portas do mundo. Os psicólogos que se ocupam com o desenvolvimento humano são unânimes em dizer que o domínio da linguagem é o portal que separa bebês e crianças, e faz delas as terríveis argumentadoras que conhecemos bem.

Uma parte de nosso aprendizado cultural consiste no domínio de códigos como os da língua falada e escrita. Até que tenhamos algum domínio dessas habilidades, esses aspectos do mundo são *opacos.* Ler e escrever são capacidades essenciais, reflexivas, relativamente tardias em nossa linha de desenvolvimento, pois elas dependem da familiaridade crescente com os sons e caracteres da língua, para que não façamos confusão de ruídos e rabiscos com a fala e a escrita. A *opacidade* do mundo simbólico somente se dissolve quando a criança domina os códigos linguísticos e culturais. Isso é mais do que desenvolvimento e amadurecimento corporal. Isso é *crescimento humano*, e uma coisa está ligada à outra, em um processo espiralado, no qual uma coisa ajuda a outra.

Com esses conceitos de *ambientes transparentes* e *ambientes opacos*, temos outra ferramenta para começar a pensar sobre educação, desenvolvimento, crescimento pessoal e aprendizagem. Esse par de conceitos é importante para uma melhor compreensão das relações entre a fonação e o código, como acontece na alfabetização. A criança é desafiada a compreender a relação entre os fonemas que ela produz e as letras do alfabeto, mas a lista dos fonemas não coincide completamente com a lista das letras. No português, existem aproximadamente três dezenas de fonemas, dependendo da classificação adotada, e assim a lista deles é maior do que a das letras do alfabeto. De um lado está o corpo e seus sons, de outro está o código e suas convenções. Ou dizemos *porto* ou dizemos *porco* e não há intermediário. Um fonema não se confunde com o outro na lista básica de fonemas da língua portuguesa. O português que falamos diariamente é uma instituição social e cultural, mas é também uma complicada combinação de cerca de 30 unidades sonoras básicas, que são produções de nosso corpo. Há aprendizagens do corpo que se aninham no espírito. *Há natureza na cultura, há cultura na natureza.*

O SEGUNDO PORTAL SIMBÓLICO

A nossa língua de nascimento é também chamada de *língua materna*. Isso significa que nascemos duas vezes. A língua materna como a ocasião de um segundo nascimento é tornada plausível pela metáfora do portal da linguagem simbólica. Essa passagem marca o trânsito do bebê para a criança e, em certo sentido, pode nunca terminar.

Thoreau foi um dos primeiros filósofos a refletir sobre o tema, e a forma como ele caracterizou a aquisição da língua materna nos oferece uma metáfora para os temas da educação em sentido mais restrito. Há uma distância importante entre a língua falada e a língua escrita, diz Thoreau. A fala é um evento transitório, diferente daquele que fica registrado em um livro. Falamos na língua que aprendemos de forma inconsciente. A leitura, ao contrário, é uma habilidade que alcançamos mediante esforços deliberados. Quando a língua falada por nós está longe de sua versão escrita correspondente, a dificuldade de aprendizagem é maior. A aquisição das habilidades de leitura e escrita significa, como vimos na discussão sobre opacidade e transparência, a passagem por um segundo portal. O primeiro portal simbólico, da língua materna, nos permite ampliar o mundo a partir do aprendizado inconsciente de nossa língua com os nossos semelhantes próximos. O segundo portal simbólico, da leitura e da escrita, nos traz a possibilidade de aprendizados com os nossos semelhantes, diferentes e distantes.

A aquisição da linguagem, portanto, não se resume apenas ao recebimento de um legado familiar. Falar uma língua não é aprender um instrumento ou código para a comunicação com outras pessoas, não é aprender rótulos para as coisas. Uma língua natural é um sistema de conceitos que nenhum de nós criou e que ninguém modifica solitariamente. A aquisição da linguagem é um processo de entrada e iniciação nesse sistema. O começo é nebuloso e não há um final. A linguagem nos chega através de nossos queridos, como se diz na Psicologia, através de nossos *outros significativos*, e o mundo não nos chega *depois* da linguagem, ele chega junto. Nossa mãe não nos ensina a falar da mesma forma como aprendemos uma segunda língua, quando adultos. No aprendizado da língua materna, os significados e as coisas estão juntos, para nossa sorte ou azar. Nós apenas seguimos os olhares e os gestos de nossos cuidadores, e achamos graça daquilo que eles acham graça, achamos triste aquilo que os entristece.

Crescemos assim e assado. Um dia, quando começamos a pensar sobre nossos próprios pensamentos, por ocasião de uma boa conversa ou através do mergulho em um livro, percebemos um distanciamento entre o legado familiar e aquilo que escutamos dessa outra voz. O menino descobre que cresceu pensando que o lugar das meninas é dentro de casa e que o lugar dele é rua, e que isso pode ser repensado. A menina descobre que cresceu pensando que existem raças melhores do que outras, e que isso pode ser repensado. Nenhum deles teve escolha, com sorte tiveram escola. A iniciação na linguagem é unilateral, mas não é irreversível. Há uma outra língua, a língua escrita, que é um novo portal de descobertas.

Aprender a língua materna é um processo do qual temos uma consciência fraca. Não é como aprender a nadar. Há quem consiga aprender a nadar movendo-se na água, por conta própria. É provável que não venha a ser um bom nadador, sem a supervisão de alguém para corrigir os movimentos. Será bom ter instruções explícitas de um professor de natação.

O aprendizado da língua materna pode ser visto como um caso de educação no sentido amplo do termo, pois é algo que ocorre a partir das ações adultas e significativas no contexto da vida da criança. Essas ações, no entanto, não se reduzem a orientações dadas desde o nascimento, tampouco consistem no simples domínio de um meio de comunicação. O aprendizado da língua materna é uma iniciação em afetos, emoções, valores, crenças e conhecimentos. O ponto de partida dessa iniciação é a confiança cega naqueles que nos cercam. O domínio da linguagem simbólica equivale à passagem em um portal de iniciação, que inclui, como um dos seus dispositivos mais relevantes, a capacidade de manuseio dos mecanismos que nos permitem refletir não apenas sobre o mundo, mas também sobre nós mesmos, sobre nossos conceitos e sobre a opacidade e a transparência do mundo.

A linguagem simbólica, além de criar a passagem para a humanidade, é o meio mais importante que temos para a manutenção dos saberes acumulados. Foi com naturalidade que um dia o conceito de educação teve que ser ampliado. Foi preciso começar a pensar na *Pedagogia*. Essa palavra, "pedagogia", designa a forma organizada de pensar sobre as coisas da educação. Esse é o nosso próximo tema.

Textos complementares

O portal simbólico (Philippe Rochat)

> Quando o portal simbólico é aberto no final da infância, um novo universo de oportunidades cognitivas e de aprendizagem se abre para o que eventualmente se torna uma criança falante e cada vez mais independente. *A criança ganha imensamente: ela pode agora, por exemplo, contemplar o mundo, reencenar eventos passados, imaginar realidades virtuais e gerar inferências lógicas sobre resultados futuros.* Ela pode trocar ideias abstratas com outros dentro de sistemas simbólicos convencionais usando palavras, gestos, desenhos ou fórmulas matemáticas, ou expressar amor, ódio, felicidade, tédio ou melancolia através de canções, poemas, filmes, sinfonias, dança, livros, bateria ou uma simples troca de olhares. (2004: 193, grifos nossos)

O espírito e o mundo (Hannah Arendt)

> Analogias, metáforas e emblemas são fios com que o espírito se prende ao mundo, mesmo nos momentos em que, desatento, perde o contato direto com ele: são eles também que garantem a unidade da experiência humana. Além disso, servem como modelos no próprio processo de pensamento, dando-nos orientação quando tememos cambalear às cegas entre experiências nas quais nossos

sentidos corporais, com sua relativa certeza de conhecimento, não nos podem guiar. O simples fato de que nosso espírito é capaz de encontrar tais analogias – que o mundo das aparências nos lembra coisas não aparentes – pode ser visto como uma espécie de "prova" de que corpo e espírito, pensamento e experiência sensível, visível e invisível se pertencem, são, por assim dizer, "feitos" um para o outro. (1992: 84)

O pensamento proposicional (Marcia Cavell)

É importante destacar o pensamento proposicional como a forma específica do pensamento humano, pelas razões que seguem. Somente o pensamento de tipo proposicional gera implicações, faz afirmações, às vezes se contradiz, compromete o pensador a certas conclusões, provoca o desafio ou a confiança por parte de outro, faz promessas e renega promessas, está aberto a dúvida, desafio, pergunta e reflexão. Somente o pensamento proposicional abre um espaço de diálogo que é tanto interpessoal e intrapessoal: eu posso me surpreender com o significado do que digo, posso perguntar o que você quis dizer com o que você disse. Somente o pensamento desse tipo pode ser chamado de racional, e também irracional: o autoengano, o fechamento da reflexão, o esquecimento das implicações de nossos pensamentos, a dissociação de nossas experiências próprias ou crenças, ou o não reconhecimento de uma fantasia por aquilo que ela é. O pensamento proposicional é aquele que claramente sai da esfera do estímulo e resposta. (2006: 70)

A Pedagogia

té esse momento nos ocupamos do conceito de educação em sentido amplo. Propus que a natureza elementar e necessária da educação seja o ponto de partida de nossas reflexões, pois isso prepara o nosso espírito para entender a natureza aberta e contínua da reflexão sobre a educação. Uma visão realista dessa área sugere que não existe uma teoria da educação superior às demais. Essa mesma atitude realista também proíbe pensar que a Pedagogia é um ringue de vale-tudo. Há visões, mais ricas, mais pobres, e nem sempre sabemos distingui-las bem, mas os usos comuns dos conceitos educacionais oferecem orientação.

Eu disse que a distinção entre educação informal e formal deve ser usada com cautela, pois as atividades humanas, por mais simples que sejam, como vimos no exemplo da amamentação, são organizadas. Assim, a escolha que fizemos foi a de usar expressões alternativas, como "educação em sentido amplo" e "educação escolar", por exemplo. Os temas que vamos tratar daqui para a frente estão no âmbito da educação escolar, como a natureza da Pedagogia, da didática, da escola e do currículo.

A EDUCAÇÃO COMO ATIVIDADE E COMO PROCESSO

Há um conceito comum de educação que diz que ela é um tipo de ação que os adultos exercem sobre as crianças. A imagem que surge é a de uma ação direcional, na qual os adultos, com suas intenções e atos, dirigem-se às crianças como alvos dessas ações. A imagem não está errada, está incompleta. Não há nada mais trivial do que o fato do adulto ter intenções educacionais. O problema com essa fotografia é que ela deixa de fora do quadro aspectos que não podem ser esquecidos. Por mais que a criança esteja sob o controle de seus cuidadores, ela não deixa de manter relações com as coisas, com a linguagem, com a natureza, com outras pessoas e consigo mesma. A educação não consiste apenas de ações dos adultos em direção à criança. Ela é também um *processo* no qual as intenções por vezes se diluem até quase desaparecerem da cena.

Vamos ver mais de perto essa distinção entre *ações* e *processos*.

Os jornais diários trazem exemplos dessa distinção. São frequentes as notícias sobre o aquecimento global, a diminuição da camada de ozônio e o esgotamento de reservas naturais. Essas situações são casos de uma combinação entre *ações* e *processos*. Para mostrar isso, vou me valer de um exemplo tradicional, o das inundações que são provocadas pelo transbordamento dos rios.

O agricultor, em busca de seu sustento, remove as árvores de sua propriedade, faz a plantação e retira água do rio para regá-la. Aos poucos ele aumenta a área de cultivo e repete o ciclo de cortar árvores e servir-se da água do rio. Seu vizinho faz a mesma coisa e o vizinho do outro também. As ações de centenas de agricultores fazendo a mesma coisa provocam a erosão do solo. A cada chuva, um pouco mais de terra sai do campo de cada um e se deposita no leito do rio, que sobe, sem que ninguém veja isso. Um dia, na época das chuvas, o rio transborda e arrasa as plantações. Em que sentido cada um dos agricultores é responsável pela inundação? Nenhum deles teve a intenção de provocá-la, mas as ações de cada um desencadearam um processo. Cada um quis apenas aumentar sua produção, e disso resultou algo que ninguém teve a intenção de fazer.

Esse exemplo pode ser transportado para o aquecimento global ou para a diminuição da camada de ozônio. Ao *fazer* uma coisa, com uma intenção bem clara e definida, por vezes também estamos fazendo outra, sobre a qual não temos controle. A tragédia não é apenas um gênero literário, ela pode estar na geladeira da gente.

Vamos agora relacionar essa distinção entre ações e processos com a educação. Os adultos têm intenções educacionais e realizam ações que visam à criança. Ela recebe as ações dos adultos, mas sofre outras também. Ela mantém relações com ela mesma, com seu próprio corpo, com o mundo que a cerca, com a linguagem, com outras crianças e nenhuma dessas relações deixa de marcá-la, de uma ou de outra forma. Ela está em uma posição de cruzamento, não apenas das melhores intenções, mas também de processos de desenvolvimento biopsicossociais, por exemplo.

A educação é uma atividade informada pelo saber dos cuidadores e cuidadoras, mas não é menos verdadeiro que ela é também um processo no qual acontecem coisas que não dependem da intencionalidade de ninguém. Nas situações educacionais há também *transbordamentos*, eventos sobre os quais temos pouco ou nenhum controle. Assim, parece razoável pensar que não há *uma* educação, somos como os nós de uma rede de relações com pessoas, coisas, eventos, processos e com nós mesmos. Quando introduzimos nessa lista as coisas que nos chegam através dos códigos que dominamos – a língua falada e escrita, em primeiro lugar –, temos que perceber que o trabalho do educador é complexo. Precisamos levar em conta essas dificuldades do empreendimento em nossas reflexões.

Eu fiz essa distinção entre *ações* e *processos* para sugerir que a Pedagogia e a didática, na forma como as praticamos hoje, são criações da modernidade, e o objetivo delas foi o de trazer algum controle à educação escolar. A Pedagogia moderna, como vimos com Rousseau,

Filosofia da Educação

começa reconhecendo ao mesmo tempo a necessidade de estudos sistemáticos sobre a criança e a inadequação das ações escolares então vigentes. No *Emílio*, Rousseau formulou a equação da Pedagogia: a forma como vemos as crianças orienta o que fazemos com elas, não bastam as melhores intenções. Temos que *vê-las* bem. Esse é um dos pilares da Pedagogia moderna. A caminhada que fizemos até aqui nos levou a olhar mais de perto para as variedades do conhecimento, para o lugar da linguagem no desenvolvimento humano, para a importância das metáforas e metonímias que usamos no pensamento sobre a educação. É hora de olhar mais de perto para a Pedagogia.

EDUCAÇÃO, PEDAGOGIA E DIDÁTICA

Nós partimos de usos comuns, que sugerem que a "educação" é o conjunto de ações que os adultos dirigem às crianças, com a esperança de que, por meio dos conhecimentos, habilidades, sentimentos e valores transmitidos, elas venham a ser adultos capazes de uma vida adulta. Esse empreendimento é arriscado e frágil, porque as condições da socialização mudam muito. Pense, por exemplo, nas características da educação de uma civilização baseada na oralidade. Há pedagogia entre os povos da oralidade, pois eles educam seus filhos, mas os recursos e os desafios que enfrentam são muito diferentes daqueles que surgem nas sociedades baseadas no letramento e na imprensa.

A expressão "pedagogia" surgiu nos primeiros espaços culturais especializados na transmissão dos conhecimentos e das habilidades mais complexas envolvidas no domínio da escrita e da leitura. O "pedagogo", como se sabe, era o condutor de criança, na antiga Grécia, onde a escrita alfabética se transformou naquilo que conhecemos hoje. Com o passar do tempo, "pedagogia" passou a designar a reflexão especializada e sistemática sobre educação, que teve uma presença cultural importante a partir dos séculos XVII e XVIII.

A expressão "didática" foi usada inicialmente no século XVII para indicar os métodos de ensino que começaram a surgir naquele momento. A expansão do ensino, em especial na Alemanha e na

Inglaterra, no século XVI, enfrentava uma barreira importante. O ensino era ministrado em latim ou grego. Com a Reforma Luterana, na segunda metade do século XVI, surgiu o princípio do livre exame dos textos sagrados, e isso contribuiu para a valorização da capacidade da leitura. Os protestantes foram os pioneiros na instituição de escolas populares, disponíveis de forma gratuita para a comunidade dos fiéis. Junto a isso havia a necessidade de promover o ensino em língua materna. Na Inglaterra, nesse mesmo período, surgiu a percepção de que a participação popular na vida política seria enriquecida com a ampliação da escolaridade. Os primeiros métodos didáticos estavam focados em tarefas como essas.

A GRANDE DIDÁTICA

Foi nesse contexto que surgiu João Amós Comenius (1592-1670), um dos pais fundadores da Pedagogia. Sua *Grande didática* tem como subtítulo *Tratado da arte universal de ensinar tudo a todos*. O livro foi publicado dentro de uma tradição de obras dedicadas à didática. Comenius nomeou dez autores como antecessores no tratamento do tema.

A importância de Comenius na Pedagogia é comparável à de seus contemporâneos, Francis Bacon e Galileu Galilei. Quando a *Grande didática* veio a público, em 1649, o mais importante livro de Bacon, o *Novo órgão*, "a grande instauração da ciência", já era conhecido. A prensa, de Gutenberg, era uma realidade, com mais de 200 anos de existência. A importância da didática se acentuou a partir do século XVII, e isso deve ser compreendido no horizonte de uma forma de vida na qual o conhecimento passou a ser considerado um produto primário, um bem disponível nas bibliotecas. Saber ler tornou-se uma habilidade prestigiada.

Podemos pensar que Comenius deu sua contribuição à didática porque havia chegado a hora dela. Junto às mudanças tecnológicas e culturais provocadas pelo surgimento da prensa, havia uma nova realidade econômica e política, e surgia o mundo moderno. A didática anunciava a progressiva extensão da escolaridade para todas as classes sociais, para meninos e meninas, indistintamente. Comenius chegou a ser convidado para ser reitor em Harvard. Ele foi pioneiro na adoção de uma atitude cosmopolita diante das nacionalidades que se afirmavam e ainda mais pioneiro em pensar sobre a importância do desenvolvimento de uma arte de ensinar tudo a todos.

A PEDAGOGIA É UMA FORMA DE VER A EDUCAÇÃO

Durkheim disse que a Pedagogia é a reflexão sobre as coisas da educação (Durkheim, 2007: 83). Se a educação é um processo contínuo e marcadamente pessoal, a Pedagogia é uma ação intermitente e regulada pela relação com um corpo de conhecimentos cristalizado nas universidades e bibliotecas. Os pedagogos modernos sugerem maneiras para realizar os aprendizados complexos que dificilmente acontecem no quintal da família. A tarefa é desafiadora porque esses corpos de conhecimentos crescem sem parar e as situações sociais, políticas e culturais onde eles estão situados também mudam continuamente.

Desde o começo, por razões como essas, surge uma forma de falar que liga a palavra "pedagogia" a nomes próprios: a pedagogia de Rabelais, de Rousseau, de Kant, Pestalozzi, de Herbart, de Montessori, de Freinet, de Waldorf etc. Além da pedagogia *fulanizada*, há também as versões *substantivadas;* a pedagogia progressiva, conservadora, construtivista, behaviorista, da liberdade, da emancipação, da opressão etc.

Tanto a Pedagogia quanto a didática podem ser vistas, nessa perspectiva, como expressões que designam as formas de administração de heranças simbólicas. A existência delas não é uma opção cultural ou histórica, é uma exigência da forma de vida moderna. A herança simbólica que temos, desde as línguas naturais até a mais alta matemática, foi produzida ao longo de milhares de gerações. Entre os diversos grupos de *commodities* simbólicas, destacam-se aquelas que se destinam justamente a manter e transmitir a herança: a Pedagogia e a didática. Essa metáfora de "manutenção" quer sugerir que o trabalho delas não é o de simplesmente preservar a cultura. Quando fazemos a manutenção de uma casa, por exemplo, não se trata apenas de limpar o chão, os móveis e as paredes. Há momentos que temos que praticar o desapego e jogar coisas fora, refazer ou derrubar paredes, construir extensões.

A HERANÇA SIMBÓLICA

Dizendo de uma forma bem simples: as heranças simbólicas demandam preservação e transmissão, porque são *bens*, mas elas também precisam ser repensadas e renovadas, e isso pode nos levar ao abandono de partes dela. A herança simbólica inclui não apenas as conquistas tecnológicas e materiais, mas também as tradições religiosas e culturais, os ideais políticos, os valores morais. Ela inclui as barbáries passadas e presentes, mas também a crença na capacidade humana de reconhecer o que deve ser preservado. Uma parte dessa separação de bens é feita pela educação em sentido amplo e corresponde ao que aprendemos nos ambientes familiares, onde predominam os aprendizados comunitários e horizontais. A outra parte cabe à escola.

Essa herança fica cada dia mais sofisticada. A preservação, a transmissão e a renovação dela não podem ser feitas de forma intuitiva e exclusivamente no âmbito familiar. Se virmos esse tema em perspectiva, parece evidente que a Pedagogia e a didática são as melhores visões que podemos ter para a administração dessa complicada herança. Pense aqui em tudo que precisamos fazer para assegurar a continuidade dos estudos e das pesquisas que nos permitem fazer coisas como o transplante de córneas ou cirurgias sem dor. A leitura e a escrita dificilmente são vistas como habilidades sofisticadas como os transplantes de órgãos, mas é exatamente isso que elas são.

A Pedagogia, como já antecipei, afirma-se a partir do século XVII. A intenção de Comenius era expor uma teoria do ensino baseada nas leis da natureza. O lema de sua didática era "tudo pelo caminho da natureza" e isso significava, entre outras coisas, a valorização das experiências sensíveis como o caminho de entrada para as verdades mais abstratas e elevadas. Sua convicção é a de que o ensino deve seguir princípios, e o principal deles era esse: *há princípios de ensino e aprendizagem*, há um caminho natural de desenvolvimento da inteligência.

Podemos ver aqui uma semelhança de família entre as ideias de Comenius sobre uma didática amparada na natureza humana, e as ideias de seus contemporâneos, que começam a falar de um direito, de uma religião e de uma ciência *natural*. No campo do direito e da política, podemos lembrar de Thomas Hobbes (1588-1679) e a noção de uma "lei natural" baseada na descrição da natureza humana. O filósofo John Locke (1632-1704) oferece nessa época uma teoria sobre a origem de um direito natural de propriedade. O campo da religião não ficou de fora. Podemos lembrar Spinoza (1632-1671), que apresenta uma noção racionalista de Deus. No âmbito da ciência natural há Francis Bacon (1561-1626), Galileu Galilei (1564-1642) e Isaac Newton (1642-1726), os pais fundadores da ciência moderna.

Esses autores são contemporâneos de Comenius e fazem parte de uma nova atmosfera, dentro da qual a Pedagogia surge como um desses sistemas explicativos e teóricos que procuram respeitar a provável ordem da natureza. A nova Pedagogia, de forma semelhante ao novo direito e à nova ciência, é um empreendimento integrado no espírito da modernidade, na qual a imprensa e o letramento têm um papel central.

A Pedagogia e a didática, desde então, têm tudo a ver com os ideais e marcos civilizatórios de igualdade, fraternidade e justiça social que se afirmam desde esses autores.

A PEDAGOGIA MODERNA

Desde seu começo, no final do século XVII, o projeto da Pedagogia moderna vinculou-se ao desenvolvimento das novas tecnologias de produção, fixação e distribuição do conhecimento. Podemos distinguir duas fases nessa história. A primeira delas tem seu início no tempo de Comenius e vai, aproximadamente, até a metade do século XIX. A figura que simboliza a transição é Johann Friedrich Herbart

(1776-1841), que fez sua formação na Filosofia, na tradição de Kant, e notabilizou-se por estudos de Psicologia e Pedagogia. Ele levou a integração entre a Pedagogia e a Psicologia a um novo nível e exerceu uma influência muito grande.

Uma nova fase na Pedagogia está ligada a uma mudança substantiva na história da Psicologia, na segunda metade do século XIX. A Psicologia surgida nessa época fez um giro em direção aos estudos de laboratório e isso teve um grande impacto na Pedagogia. O marco dessa nova etapa é a obra de Wilhelm Wundt (1832-1920).

Para se ter uma ideia do impacto na Psicologia moderna na Pedagogia basta lembrar que John Dewey, o maior nome da Pedagogia do século XX, começou sua vida profissional como aluno de Stanley Hall, que havia sido aluno de Wundt. Hall trabalhou com Wundt na Alemanha, no primeiro laboratório na história da Psicologia e, de volta aos Estados Unidos, criou um laboratório semelhante. Dewey estudou com ele e dedicou-se à Psicologia.

Em 1887, Dewey escreveu um manual de Psicologia que lhe rendeu grande prestígio. Em 1895, assumiu a chefia do primeiro departamento universitário de Pedagogia nos Estados Unidos. Até então havia professores para a disciplina, mas essa nova ciência ainda não tinha sido contemplada com um departamento acadêmico próprio. Em poucos anos de trabalho, Dewey conquistou uma liderança notável na área. Em 1900, com a publicação de *A escola e a sociedade*, sua Pedagogia abriu-se para a dimensão social e política da educação. A Pedagogia, que apenas havia incorporado a Psicologia como base, começou a inclinar-se para os aspectos sociais. Foi nessa época que começou a se falar no surgimento das *ciências da educação*. A partir de 1900, a história da Pedagogia tornou-se ainda mais complexa.

O estreitamento dos vínculos entre a Pedagogia e a Psicologia foi uma fonte de esperança para a transformação da educação em uma ciência. Essa expectativa constava no título do livro que traduziu a atmosfera da época, o *Educação como uma ciência*, de Alexander Bain, de 1878. Nessa atmosfera havia muito mais. William James fez palestras aos professores, explicando a nova Psicologia e suas aplicações ao ensino, em 1898. Há também Edward Thorndike, com livros como *Os princípios do ensino baseados na Psicologia* (1906) e *O aprendizado humano* (1931).

A árvore da Psicologia, nesse meio tempo, deu novos frutos, e surgiu uma fórmula de compromisso, a ideia de uma *Psicologia Social*. John Dewey é um divisor de águas nessa história. Desde então, a Pedagogia levou em conta os desenvolvimentos da Psicologia e a Psicologia do Desenvolvimento, mas ficou evidente que os estudos centrados no desenvolvimento individual não mais davam conta da importância da escolarização na vida econômica, social e política. Surgem nessa época os psicólogos que levam em conta as relações sociais: George Herbert Mead, Lev Vygotsky, Leon Luria, Henri Wallon, Jean Piaget, Lawrence Kohlberg e outros tantos.

A Pedagogia é um grande condomínio, que cresce sem parar. O avanço da Psicologia do Desenvolvimento, da Filosofia e da Sociologia, no entanto, não fez surgir *uma* ciência da educação, e tampouco surgiu *uma* Pedagogia. Há convergências e consensos sobre o desenvolvimento infantil e a aprendizagem, sobre a importância de uma alfabetização científico-literária, sobre as relações relevantes entre os níveis de educação e de bem-estar humano. Seguimos, no entanto, com dissensos e tensões no que diz respeito ao modo como pensamos a relação entre o adulto e a criança, entre educação e moralidade, educação e política.

Há pedagogias que sustentam que as crianças devem ser poupadas de tarefas tediosas, que o aprendizado deve ser prazeroso, que não devemos exigir memorizações, que os conteúdos escolares devem estar subordinados ao desenvolvimento de capacidades de crítica. Há visões alternativas. Em qualquer nível de ensino, a eficácia de um professor não pode ser medida pelo fato de as crianças gostarem ou não das aulas, como disse o filósofo Alva Noë. Elas precisam fazer sua parte e devem aprender a "suportar silêncios e transições estranhas para que se ativem e assumam o trabalho de alcançar a compreensão" (Noë, 2015: 181). O tédio na sala de aula é uma experiência que não pode ser eliminada a *qualquer custo*. Saber coisas de memória é o meio de vida de muitas profissões, não há nada de errado em valorizar a memorização quando ela é importante. Há uma hierarquia a ser respeitada entre os conteúdos curriculares. As crianças sem fluência de leitura e escrita aprendem pouco ao ler os livros de estudos sociais e ciências. Não há pensamento crítico sem a boa informação sobre o mundo, muito menos sem boa capacidade da leitura.

A Filosofia da Educação é o instrumento que a Pedagogia tem para ajudar nessas conversas. Podemos mesmo pensar que a Pedagogia é sempre uma Filosofia da Educação, como sugere Durkheim. Por isso há tantas pedagogias, por isso a Pedagogia é um território de conversas que por vezes são ásperas.

Como vimos, a aposta dos tempos modernos na Pedagogia é muito alta. A instrução escolar foi vista como o alambique moral da sociedade (Sloterdijk, 2018: 429), de onde pingaria uma nova humanidade. Figuras tão diferentes entre si, como a educadora Maria Montessori e o guerrilheiro Ernesto Che Guevara, alimentaram sonhos comuns sobre o surgimento de um "homem novo", a partir de reformas educacionais profundas. Maria Montessori, no primeiro capítulo de seu livro *A mente da criança*, publicado originalmente em 1949, invocou 40 anos de trabalho pedagógico para dizer que a criança era a riqueza indispensável para a reconstrução do mundo. Ela pensava que suas conclusões e iniciativas pedagógicas levariam ao nascimento de um homem novo, que não seria mais vítima dos eventos (Montessori, 2020: 16). Che Guevara, algumas décadas depois, no auge do entusiasmo revolucionário, não elogiou menos a Pedagogia, quando disse que toda a sociedade deveria ser convertida em uma escola (Guevara, 1979: 7).

A Pedagogia não foi feita apenas de sonhos. Ela também foi vivida na forma de pesadelos. Em 1940, Himmler escreveu um memorando, distribuído para toda a administração superior, sobre os objetivos educacionais do regime nazista. Ele informou que as crianças deveriam aprender apenas a escrita do próprio nome, a fazer contas simples até 500 e entender que a obediência aos alemães era uma lei divina. A frase final do memorando era esta: "Acho que não é necessário saber ler" (Mazower, 2020: 198).

Duas décadas depois, o filósofo alemão Theodor Adorno concluiu que a inocência da Pedagogia havia sido perdida. No coração da Europa havia ocorrido uma monstruosidade, o assassinato de milhões de pessoas inocentes. Depois disso, qualquer debate sobre metas educacionais perderia significado se não se comprometesse com a não repetição de Auschwitz. A educação deveria se concentrar na primeira infância e privilegiar a autorreflexão crítica, ele escreveu, mas sem voltar-se novamente para a busca de modelos ideais: "Tudo se torna inseguro e requer reflexões complicadas" (Adorno, 2020: 152-3).

A partir da modernidade, a Pedagogia ocupa um lugar de destaque nas ciências e artes humanas. A consequência da importância crescente dela foi vista por Adorno: a Pedagogia nos exige reflexões complicadas.

Textos complementares

O ideal pedagógico da modernidade (Comenius)

> Que todos se formem com uma instrução não aparente, mas verdadeira, não superficial mas sólida; ou seja, que o homem, enquanto animal racional, se habitue a deixar-se guiar, não pela razão dos outros, mas pela sua, e não apenas a ler nos livros e a entender, ou ainda a reter e a recitar as opiniões dos outros, mas a penetrar por si mesmo até ao âmago das próprias coisas e a tirar delas conhecimentos genuínos e utilidade. Quanto à solidez da moral e da piedade, deve dizer-se o mesmo. (1976: 164)

A perda da inocência da Pedagogia (Theodor Adorno)

> É bastante conhecida a anedota infantil da centopeia que, perguntada quando movimenta cada uma de suas pernas, fica inteiramente paralisada e incapaz de avançar um passo sequer. Ocorre algo semelhante com a educação e a formação. Houve tempos em que esses conceitos, como dizia Hegel, eram substanciais, compreensíveis por si mesmos a partir da totalidade de uma cultura, e não eram problemáticos em si mesmos. Mas hoje tornaram-se problemáticos nesses termos. No instante em que indagamos: "Educação – para que?", onde esse *para quê* não é mais compreensível por si mesmo ingenuamente presente,

tudo se torna inseguro e requer reflexões complicadas. E sobretudo uma vez perdido esse "para quê", ele não pode ser simplesmente restituído por um ato de vontade, erigindo um objetivo educacional a partir do seu exterior. (2020: 152)

A filosofia em uma sociedade democrática (Anísio Teixeira)

A filosofia de uma sociedade democrática é diversa da filosofia de uma sociedade despótica ou aristocrática. Admitindo que nos achamos em uma sociedade democrática servida pelos conhecimentos da ciência moderna e agitada, em princípio, pela revolução industrial iniciada no século XVIII, a filosofia deve procurar definir os problemas mais palpitantes dessa nova ordem de coisas e armá-los para as soluções mais prováveis. Nenhuma das soluções pode ser definitiva ou dogmática. A filosofia de uma sociedade em permanente transformação, que aceita essa transformação e deseja torná-la um instrumento do próprio progresso, – é uma filosofia de hipóteses e soluções provisórias. (1978: 148)

Didática

As primeiras universidades da Europa, como as de Bolonha (criadas no começo do século XII), foram essencialmente corporações de professores e estudantes que se dedicavam aos estudos jurídicos e teológicos. A partir do século XVII surgiram as universidades que também se ocupavam com as novas áreas de conhecimentos experimentais. O latim deixou de ser a língua acadêmica. Esse novo conceito de universidade pensa o conhecimento como algo que não pode ser confundido com aqueles que o produzem. O conhecimento é separado do prestígio de quem o descobre ou ensina. A lei da gravitação universal, por exemplo, foi formulada por Newton, mas a *verdade* dela não pertence a ele. As verdades da Física não variam de acordo com as preferências dos professores dela.

O SABER SUPRA-AUTORAL

O saber científico torna-se um bem estável e independente do autor, e as novas universidades dedicam-se a esses conhecimentos e artes

Filosofia da Educação

que são disciplinados por meio de métodos. O ensino muda muito, nessa perspectiva. Não se trata apenas de instruir as pessoas em uma profissão, como na universidade medieval. O professor precisa manter também o compromisso de "provar" ou "demonstrar" conteúdos e conhecimentos que não estão mais sujeitos a variações superficiais. A palavra "disciplina", desde então, tem essa ambiguidade. Ela indica uma área de conhecimentos, como a Matemática, mas também o fato de que aquilo que consta ali como conhecimento tem alguma estabilidade, depois de passar por provas e demonstrações. É por razões como essas que a história da didática se confunde com a história das universidades modernas. Um estudioso do tema disse que a didática, "a arte das artes", é "uma espécie de quintessência da universidade" (Ong, 1958: 164).

As ciências, como vimos na primeira parte do livro, não são somente conjuntos de afirmações com pretensão de verdade. Mais do que isso, elas consistem em metodologias de verificação, demonstração e prova. Se a didática é parte da essência das universidades, a essência de qualquer ciência está mais nos seus métodos de trabalho e menos nos seus resultados, pois a estabilidade deles é proporcional ao enriquecimento das metodologias com que foram criados.

A LÓGICA DO CONTEÚDO E A DA APRENDIZAGEM

Essas observações ajudam a ver a didática com outros olhos. Basta lembrar que nos cursos de formação de professores falamos com naturalidade em "didática especial": didática da História, da alfabetização, da língua portuguesa, das ciências, da Matemática. É certo que há polêmicas em cada uma delas, mas essa forma de falar, "didática da História", por exemplo, mostra que essas disciplinas têm um núcleo de conteúdos que não deve mudar de acordo com o professor.

No caso do ensino de História, há temas polêmicos, mas há também consensos sobre as formas de se fazer investigação histórica. Isso permite que pessoas se identifiquem como historiadores e que conversem entre si sobre os temas difíceis. O consenso sobre como investigar

104

a história é mais importante do que os acordos a que chegamos, muitas vezes precariamente, a cada etapa das investigações.

A didática da língua portuguesa também tem controvérsias. As gramáticas escolares começavam com um capítulo sobre a morfologia da língua para depois introduzir as noções de sintaxe. Essa decisão didática atendia a uma certa lógica do conhecimento na área. Os alunos eram apresentados, em primeiro lugar, às classes de elementos de uma sentença, para depois estudarem as relações entre os elementos. Era preciso primeiro saber o que é o substantivo, o adjetivo, o verbo etc., para depois localizá-los, fazendo a análise sintática da frase. Essa sequência de conteúdos seguia uma boa lógica, do ponto de vista de uma apresentação progressiva do conteúdo, das partes para o todo. Vejam, no entanto, que aquilo que é conveniente para uma sequência de capítulos de uma gramática normativa pode não ser bom para uma sequência de aprendizagens de português. A didática da língua portuguesa pode imaginar estratégias de ensino nas quais as noções de morfologia são estudadas depois das noções de sintaxe.

Qualquer que seja a área de conhecimentos, o que a didática supõe é que

a. há conhecimentos e habilidades valiosos e estáveis, que devem ser ensinados;

b. há pessoas que dominam esses conhecimentos e habilidades;

c. há pessoas que não têm esses conhecimentos e que devem dominá-los;

d. há um espaço institucional para esse processo de transferência;

e. as pessoas que dominam os conhecimentos e habilidades dominam também os conhecimentos e as habilidades necessários para a transferência. E, finalmente, que

f. não devemos confundir a *lógica da aprendizagem* com a *lógica dos conteúdos*.

Vou reforçar aqui a importância da distinção entre o *estado da arte* em uma área de conhecimentos (habilidades, desempenhos, valores) e as *estratégias* através das quais procuramos fazer com que outras pessoas se apropriem, em condições determinadas, desses estados da arte, seja o do transplante de córneas, da operação com logaritmos ou a alfabetização. A didática é a arte de transposição e um princípio importante nela é esse: a *lógica do conteúdo* não se confunde com a *lógica do ensino e da aprendizagem.*

Essa expressão, *estado da arte,* indica o estado dos conhecimentos em uma certa área ou tópico. É uma espécie de ficção sobre os melhores conhecimentos e realizações disponíveis. Esses conhecimentos devem ser devidamente adaptados para cada situação de ensino escolar. Os conhecimentos atuais de História, Matemática, Ciências ou Literatura não podem entrar na sala de aula sem que passem por um processo de adaptação ou transposição.

Vamos voltar ao exemplo do ensino de História. Devemos, como se diz, contar a história desde o começo, desde a pré-história, ou podemos começar em momento e lugar? Devemos começar pelo que é mais próximo e cotidiano ou os assuntos distantes e exóticos são mais convenientes? Há vantagens e desvantagens nas duas abordagens, a depender de outros fatores: faixas etárias, ambientes sociais, objetivos etc. Há começos didáticos que aparentemente se impõem por si mesmos. No ensino de Matemática, há um consenso sobre a importância de começar com a compreensão das operações básicas e do modo de funcionamento dos números naturais. Esse é o único começo possível? O que importa aqui é apenas isso: há uma diferença entre a *lógica do conteúdo* de uma área de conhecimento e a *lógica da aprendizagem* daquele conteúdo.

Vamos pensar em uma situação na qual a diferença entre conteúdos e aprendizagem é ainda mais clara, a do aprendizado da leitura. Qual é o melhor caminho? O bom começo está na apresentação de letras, sílabas, palavras e textos, com ênfase em uma cognição baseada na visualização e na escrita de formas? Ou é possível começar fazendo com que a criança tome consciência dos sons que ela produz? A escolha de caminhos deve ser baseada em investigações e resultados comprovados ou pode ser uma questão de tendências e hábitos pedagógicos fracamente relacionados com evidências? Tudo indica que devemos começar com o que a criança já possui, a sua voz.

TRIÂNGULO E CONTRATO DIDÁTICO

Uma concepção pedagógica consiste em um conjunto de orientações gerais para a administração de uma herança simbólica complexa. A ela segue-a uma didática, que sugere o modo disso ser feito na sala de aula. Podemos pensá-la como o estudo das formas de realização da transmissão cultural, não mais em termos de visão ou teoria, mas por meio de ações realizadas na presença de seres humanos em situação de assimetria cognitiva e diante de conhecimentos e habilidades considerados valiosos. A didática, a "arte de ensinar", nessa visão tradicional que estou apresentando, tem duas dimensões essenciais: é um estudo das estratégias de transposição de conhecimentos, habilidades e valores das mais diversas áreas de realização humana; é também o estudo das condições de aquisição desses aspectos por alunos nas mais diversas condições.

Essa descrição mostra porque um dos conceitos centrais da didática é o de "triângulo didático", que simboliza as relações entre o professor, o aluno e os conhecimentos.

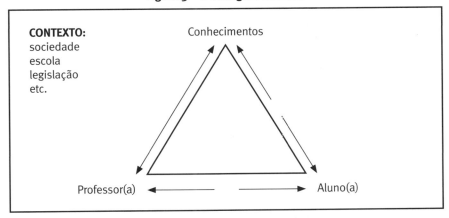

Figura 3 – O triângulo didático

A Figura 3 é uma representação do triângulo didático. Há três relações básicas, que ocorrem em um contexto que deve ser enriquecido com a presença de outros elementos na cena didática: a escola, a legislação, outros agentes sociais.

A relação entre o professor(a) e os conhecimentos está ligada por uma seta bidirecional, para indicar que sempre supomos uma ligação efetiva entre o(a) professor(a) e os conhecimentos. A presença do(a) professor(a) na escola decorre, em primeiro lugar, da suposição de que ele *sabe*. As outras duas setas bidirecionais, entre professor(a) e aluno(a) e aluno(a) e conhecimentos, estão interrompidas, para indicar que a ligação entre esses vértices não é efetiva e sim buscada. A criança deve contar com o(a) professor(a) como uma espécie de guia para o conhecimento. As outras duas relações comportam muitas incertezas. Existem também relações entre os(as) próprios(as) aluno(a)s e isso é outra fonte de tensões na sala de aula.

Junto a essa noção de triângulo didático há também o conceito de "contrato didático". Muitos(as) professores(as) fazem uma pequena cerimônia no início do ano ou do semestre letivo com o objetivo de celebrar uma espécie de contrato. Ninguém assina nada, claro. É uma atividade que visa estabelecer os pequenos compromissos de comportamentos de parte a parte. Ela precisa ser feita no primeiro momento para que tudo aquilo que é proposto ali seja visto como endereçado de forma idêntica a todos. O contrato deve explicitar os comportamentos do(a) professor(a) que podem ser esperados pelo(a) aluno(as), e os comportamentos do aluno que são esperados pelo(a) professor(a). O(A) professor(a) explicita as regras que devem ser observadas pelas partes da relação, mas a coisa mais importante é dita nas entrelinhas: não há preferidos, não há desprezados, todos serão tratados com uma regra de justiça, todos estão ali para a celebração do encontro com o conhecimento.

O contrato didático é o compromisso e a promessa de que todos podem aprender. Tudo o que fica explícito, mas também o que está implícito no contrato, deve se subordinar a essa aposta na entrada exitosa da criança no universo do conhecimento. Essa é a razão pela qual os professores e as professoras tratam de sinalizar com aprovação os aprendizados de cada estudante, pois isso funciona como uma renovação diária do contrato. O contrato didático, quando bem realizado, cria um ambiente de segurança emocional, pois evita que regras novas e importantes sejam adicionadas a partir dos imprevistos que surgem inevitavelmente na sala de aula.

A finalidade fundamental do contrato didático é a de sinalizar a sala de aula como um espaço de trabalho que visa ao conhecimento, à formação. A sala de aula não pode ser vista como o lugar onde alguém *dá aulas* e outras pessoas assistem. A escola não é um canal de televisão, no qual *passa* o que dá na vontade dos donos. A criança precisa saber o que pode esperar do(a) professor(a) e da escola, para não gastar as suas melhores energias tentando adivinhar o que querem com ela.

Vamos voltar ao triângulo didático. Os vértices e as relações entre eles são uma fonte inesgotável de debates. Como eu já disse, a primeira fonte de autoridade do professor é a suposta relação privilegiada dele com o conhecimento, que não consiste em saber tudo, mas em lidar bem com o que é o caso. Uma outra fonte da autoridade do(a) professor(a) é ser percebido como alguém que tem um senso de justiça diante de pessoas que tem ritmos e realizações de aprendizagem por vezes muito diferentes. A vida do(a) professor(a) não é fácil. Ele tem um lado de juiz e outro de árbitro. O juiz decide-se por um resultado a partir das regras; o árbitro aplica as regras, mas não decide o resultado. Assim, o compromisso com um ideal de neutralidade faz parte da vida do(a) professor(a), da mesma forma que faz parte da vida profissional dos juízes, dos árbitros de futebol, dos médicos, das testemunhas e dos zeladores das constituições.

As relações pessoais na sala de aula criam dificuldades que podem ser melhor compreendidas quando temos presente essas noções de triângulo e contrato didático. Os(As) alunos(as), por vezes, amam (ou odeiam) os(as) professores(as) como uma estratégia para lidar com as facilidades ou dificuldades de aprendizagem. Os(As) professores(as), por vezes, transferem afetos para os(as) alunos(as), para o bem ou para o mal deles(as), quando a situação didática fica complicada. As transferências afetivas são fenômenos universais, de difícil controle. Elas estão presentes na sala de aula, mas se temos alguma consciência do mecanismo de funcionamento delas, a didática ganha com isso. Nem sempre nos damos conta de que a função mais importante de um código de ética profissional é a de alertar para o risco do abuso dos poderes de nossa condição profissional.

A DIDÁTICA E OS CONCEITOS

Costuma-se distinguir entre Pedagogia, didática geral e didáticas especiais. A Pedagogia apresenta a visão que deve guiar as ações educacionais. A didática geral é o campo de estudos e decisões sobre os aspectos mais gerais do ensino e da aprendizagem, como planejamento de ensino, definição de objetivos educacionais, decisões sobre métodos de ensino e avaliação etc. Ela é considerada "geral" porque se supõe que a validade de suas considerações pode ser estendida a todas as áreas, atividades, projetos e disciplinas escolares. Já a didática especial consiste em estudos sobre as formas de ensino de disciplinas ou áreas específicas, como alfabetização, Ciências, Matemática, estudos sociais, artes, educação física etc.

Os conceitos de contrato e triângulo didático possuem aspectos filosóficos. O principal deles é a compreensão da natureza especial das *relações* entre professores, estudantes e o conhecimento. A identidade de cada um dos elementos da situação didática é parcialmente regrada pelas relações ali estabelecidas. As regras e os comportamentos esperados, bem como as características dos conhecimentos envolvidos são pensados a partir dessa situação contratual e triangular. Há mais filosofia aqui, no entanto. Há, por exemplo, o estudo sobre o modo de funcionamento dos conceitos.

Vamos retomar alguns temas da primeira parte, sobre as relações entre a variedade dos conhecimentos, os conceitos e a linguagem. Lembremos da existência dos conhecimentos discriminativos e implícitos, que não dependem da linguagem e dos conhecimentos baseados na manipulação de códigos. Os alfabetizadores que usam o método fônico levam em conta o conhecimento discriminativo, quando valorizam a capacidade da criança de produzir os sons das letras, sem saber ainda reconhecê-las e nomeá-las. O ponto de partida é o conhecimento implícito que a criança tem, já que ela é falante da língua. O ponto de chegada é um conhecimento conceitual e visual novo, explícito. Quando minha neta foi alfabetizada, ela se referia à letra "R" como "a letra Ronai". Naquele momento não importava muito o nome da letra. O som que ela era capaz de fazer, no entanto, não era arbitrário, pois, por razões fonológicas, os sons das letras são o que são e não se confundem uns com os outros.

As aprendizagens sempre têm como base alguma estrutura prévia. O aprendizado da língua materna, por exemplo, depende tanto de estruturas biológicas como de condições sociais e culturais. Aprender uma língua não consiste em memorizar rótulos de coisas e relações. As palavras trazem conceitos, que são formas de organização da experiência humana e do mundo. Assim, podemos dizer que os conceitos são *concepções,* são *concebidos,* são instrumentos que criamos para organizar a experiência cotidiana. Os conceitos que uma criança possui são os pontos de partida de suas aprendizagens, e a complexidade deles está relacionada à complexidade do ambiente simbólico em que estamos mergulhados, em casa, na família, na comunidade. Vamos chamá-los, seguindo Vygotsky (1993: 80), de conceitos espontâneos ou cotidianos, devido à sua origem familiar e comunitária.

Há também conceitos produzidos por pessoas e comunidades especializadas nas investigações sobre aspectos particulares da realidade, os "conceitos científicos". Podemos então pensar em dois conjuntos: o primeiro é o dos conceitos comuns, que aprendemos de forma espontânea na vida cotidiana. O segundo é o dos conceitos científicos, que começam a ser apresentados à criança na vida escolar. Uma diferença importante entre os conceitos espontâneos e os conceitos científicos é o quanto há de sistematicidade dentro de cada um desses conjuntos. É razoável pensar que as hierarquias entre os conceitos do cotidiano tendem a ser implícitas e fracas, ao contrário do que acontece com os conceitos científicos. O mais importante aqui é compreender que os conceitos, quaisquer se sejam, não existem de forma isolada uns dos outros. Se a criança sabe o que é "fruta", é porque, em algum nível da consciência, ela sabe, em algum sentido, o que é uma "planta" e o que é uma "coisa".

A natureza sistemática dos conceitos é parecida com a das cores. A gente não aprende uma cor e depois a outra, pois as cores não existem isoladas umas das outras. Os conceitos, como as cores, existem em sistemas, mas, diferentemente delas, há hierarquias entre eles. E, como disse Vygotsky, "os conceitos não ficam guardados na mente da criança como ervilhas em um saco, sem qualquer vínculo que os una" (Vygotsky, 1993: 95). Há vínculos e relações de tipo *lógico*, como no exemplo anterior, entre os conceitos de *objeto, planta, fruta* (toda fruta é uma planta, toda planta é um objeto), mas há também vínculos *psicológicos*, pois a experiência de vida pode deixar marcas pessoais nas palavras e nos conceitos que usamos.

O COTIDIANO E A CIÊNCIA

A relação entre os conceitos espontâneos e os conceitos científicos é um dos temas centrais na didática, mas há muito mais: o que são os conceitos, como se formam, como são aprendidos, como se organizam, como mudam, como se relacionam com as palavras, como adquirem aspectos lógicos, psicológicos, sociais, políticos etc. Há regiões conceituais diferentes, como a da História, Matemática, Física, Biologia. Como se dão as relações entre os conceitos dessas disciplinas e os conceitos cotidianos, do ponto de vista da didática? Elas são sempre harmoniosas? Os conceitos científicos se somam aos conceitos espontâneos ou há uma descontinuidade entre eles? Como devem ser introduzidos os conceitos escolares (científicos), de modo a haver uma aprendizagem significativa deles? Como devemos apresentar um conjunto de conceitos novos para a criança, que estão distantes de sua situação de vida cotidiana, na escrita, na Matemática, nas ciências naturais, nos estudos sociais? Esse tema central da didática tem vários nomes: tratamento, transposição, adaptação, transformação didática. Os manuais costumam apresentar a didática como uma arte, a arte de ensinar. Seguindo essa tradição, poderíamos vê-la também como a arte de tornar a aprendizagem uma graça na vida da criança.

Textos complementares

A pulsão didática (Walter Ong)

Pois uma das coisas notáveis sobre o mundo ocidental é que ele tem livros didáticos e está apaixonadamente interessado no que chamamos hoje de "educação". Todas as outras culturas – que dão contribuições próprias e diferentes à humanidade e à história – olharam, desde os séculos XVI e XVII, para o Ocidente, para aprimorar suas próprias técnicas de propagação e assimilação do conhecimento. O Ocidente deu ao mundo não apenas as universidades, mas os interesses e as técnicas que acompanham o estado de espírito universitário.

A didática é, portanto, uma espécie de quintessência da universidade. O cultivo franco e frenético da didática, embora regional em alguns de seus aspectos, não é simplesmente um subproduto bizarro do Ramismo ou da tradição da qual o Ramismo descende. É um desenvolvimento normal que ameaça ocorrer em todos os lugares atingidos pela escolástica. As universidades alemãs eram relativamente novas, seu acúmulo de tradição era mais tênue, de modo que a pulsão didática, própria de todo o movimento universitário, aparece na Alemanha desmascarada e nua. Em Tübingen, até onde sabemos, pela primeira vez na história das universidades, uma universidade (fundada em 1477) foi concebida como uma coleção de conhecimentos universais, ao invés de uma coleção de mestres e alunos, na forma comum até então. Embora esse conceito de universidade fosse novo, ele não estava fora da tradição universitária, pois derivava diretamente da noção de dialética e do próprio conhecimento que as universidades mais antigas haviam nutrido. (1958: 164)

A transposição do passado (Simone Weil)

Seria inútil desviar-se do passado para não pensar senão no futuro. É uma ilusão perigosa crer que haja mesmo aí uma possibilidade. A oposição entre o futuro e o passado é absurda. O futuro não nos traz nada, não nos dá nada; somos nós que para o construir devemos dar-lhe tudo, dar-lhe a nossa própria vida. Mas para dar é preciso possuir, e não possuímos outra vida, outra seiva, senão os tesouros herdados do passado e digeridos, assimilados, recriados por nós. De todas as necessidades da alma humana, não há nenhuma mais vital que o passado. (2001: 50)

A arte de transpor as verdades é uma das mais essenciais e das menos conhecidas. O que a torna difícil, é que, para praticar, é preciso ter-se colocado no centro de uma verdade, tê-la possuído em sua nudez, por trás da forma particular sob a qual ela se encontra por acaso exposta. (2001: 65)

O cortejo de aprendizagens (Rafael Grisi)

A verdade, porém, é que embora o professor deva procurar *ensinar uma coisa de cada vez* – uma matéria, um assunto, um tema, uma questão – não pode esquecer que os alunos estão aprendendo, ao mesmo tempo, *outras* coisas e estas outras coisas aprendidas variam com o *modo* de ensinar, *o método* empregado, o grau de *motivação* do trabalho, a natureza das provas de verificação etc. Em outros termos: toda aula é feita em vista de um fim consciente, voluntário. [...] Mas o fato é que os alunos *aprendem*, ao mesmo tempo, *mais* e *menos* do que o professor tinha a intenção de ensinar; *menos* – quer sob o aspecto quantitativo, quer sob o aspecto qualitativo – porque nem todos os aspectos da lição repercutem necessariamente de modo uniforme no cabedal de experiências e conhecimentos anteriores de cada aluno; e *mais* – porque além dos *conhecimentos* – e, quiçá, em lugar deles – os alunos *aprendem* certo número de *habilidades*, de *atitudes*, de *hábitos* (de atenção ou distração, de iniciativa ou negligência, de sinceridade ou simulação, de gosto ou ojeriza ao estudo) – enfim, *outras coisas*, boas e más, que constituem o indefectível cortejo de "subprodutos" desejáveis e indesejáveis (*valores positivos e negativos*) de toda aula [...]. Não há, na prática, o que se poderia chamar "ensino neutro" ou "instrução em estado puro", informação isenta de qualquer influência formadora... ou deformadora. O que ocorre necessariamente é a instrução acompanhada de uma franja de "valores", que podem ser desejáveis ou aborrecíveis. (1963: 91-92, grifos nossos)

A escola

Há quem diga que a escola deve ser um espaço de acolhimento, no qual as crianças dão livre expressão às suas potencialidades, com a menor interferência possível dos adultos. Outros discordam e dizem que as crianças devem, desde cedo, adquirir conhecimentos, habilidades, valores e atitudes que permitam a elas ter uma ocupação na sociedade e viver por conta própria. Uma terceira posição sustenta que a escola não deve dedicar-se, desde o começo, à formação profissional, mas que é errado ignorar que esse compromisso deve ser assumido em algum momento. Não é fácil dizer o que é a escola. A discussão sobre seus objetivos é mais uma daquelas boas conversas sem fim.

Há filosofias da educação que comparam a escola com as fábricas e os hospitais, com a produção industrial da infelicidade em série. Há outras que querem simplesmente fechar as escolas, pois a própria vida ou a educação caseira seria a melhor substituição para elas. Desde Rousseau, como vimos, há um entendimento muito claro, que a educação escolar deve ser permanentemente reinventada. Como podemos nos orientar aqui?

Lembro um episódio que vivi em um curso de formação. A professora pediu que a turma escrevesse uma redação sobre o tema "As finalidades da escola". Quando alguém completava a tarefa, ela entregava uma folha de papel na qual estava escrito:

> Obrigada pela redação sobre o tema "As finalidades da escola". Leia, por favor, as perguntas a seguir:
>
> Qual foi o ponto de vista que você assumiu para falar sobre as finalidades da escola? O ponto de vista do Estado e das políticas públicas? Dos pais? Dos professores? Das crianças? Dos sociólogos? Dos psicólogos? Dos filósofos? Dos historiadores da educação? De um estudante de Pedagogia e Licenciatura?
>
> É possível uma harmonia entre esses pontos de vista?
>
> As perguntas anteriores ajudam você a ver sua redação com outros olhos?

O debate que se seguiu foi animado. Depois de formadas, as novas professoras e professores, diante de sua própria turma, ainda lembravam-se daquela discussão, mas não tinham certeza sobre o que havia sido aprendido naquele dia. Parecia mais ter sido um momento de *desaprendizado,* marcado pelo comentário de alguém no final da atividade: "a escola tem mais lados do que a gente pensa...".

Essa história se repete quando discutimos os aspectos filosóficos da educação escolar. Não é fácil pegar leve nesses assuntos. É mais fácil cair na tentação de pensar que a *nossa* visão de educação deve prevalecer sobre as demais e que não precisamos levar em conta o compromisso de vê-la *também* com outros olhos.

A ESCRITA E A ESCOLA

Até agora nos dedicamos ao exame de aspectos gerais da educação. A descrição a que chegamos é incompleta. O panorama ficou mais rico depois que incluímos nessa discussão a Pedagogia e a didática. Vamos começar agora a pensar sobre os aspectos propriamente escolares.

Eu argumentei que é difícil estabelecer uma linha divisória entre educação informal e formal, na medida em que há organização até mesmo na mamada do bebê. Uma solução consiste em distinguir educação *escolar* e *não escolar*. Esse uso é possível naquelas sociedades nas quais a escola começou a existir como uma instituição separada da família, destinada a oferecer um ambiente de formação cada vez mais organizado. Não vamos nos ocupar aqui com a história da escola e da Pedagogia. Basta assinalar que as primeiras escolas com uma organização semelhante à que temos hoje datam da antiga Grécia. Foi nessa época que surgiram também os *ideais* e as *tecnologias* que, em algum sentido, se transformaram nos fios condutores da Pedagogia.

A *tecnologia* é a escrita alfabética. Ela foi revolucionada pelos gregos e sua expansão está ligada à escola. Os gregos reinventaram a escrita alfabética, mediante a representação das consoantes (Havelock, 1996: 95), e fizeram de sua difusão um dos objetivos da escola. É de se pensar que as escolas foram criadas para o ensino da escrita alfabética e a escrita fortaleceu o papel delas. O outro legado grego foi a defesa de um *ideal* de formação no qual predomina o objetivo de desenvolver plenamente as capacidades físicas, emocionais e racionais dos seres humanos. O domínio da escrita e do conhecimento está ligado a esse ideal, que permanece até hoje.

ESCOLA, FORMAÇÃO E TECNOLOGIA

A educação *escolar*, desde os gregos, tem dois eixos: o aprendizado de uma *tecnologia* e de uma *formação*. A tecnologia é a escrita alfabética. Sem o domínio dela não há continuidade da vida escolar regular. A escrita deve ser considerada uma tecnologia porque ela é um meio para certos fins, é uma organização racional e instrumental de algo e, como toda tecnologia, produz bens e poderes que não existem sem ela.

Estamos acostumados a pensar como exemplo de objetos tecnológicos coisas como alicates e *smartphones*. É fácil ver que existem tecnologias que consistem menos em objetos engenhosos, e mais em métodos e procedimentos inovadores de produção e administração, nos mais variados campos da atuação humana, da fabricação do pão até a medicina. A escrita é uma tecnologia peculiar, pois ela depende da manipulação de *sinais gráficos* de acordo com *regras*. Ela se materializa em objetos visuais, os caracteres da língua e suas combinações, mas o funcionamento deles depende da vida do espírito humano, pois as letras precisam ser *desenhadas* de acordo com certas instruções e são *combinadas* mediante regras ainda mais complicadas.

A escrita alfabética foi um portal revolucionário na história. O primeiro, como já vimos, foi a linguagem simbólica. O surgimento da escrita, por volta de 700 a.C., é anterior à filosofia grega clássica. Não podemos esquecer aqui o surgimento, nesse período, das grandes tradições religiosas, que tiveram sua difusão também ligada a documentos escritos, como o cristianismo, o islamismo, o budismo e tantas outras. O filósofo Karl Jaspers considerou esse período uma linha divisória na história, e por essa razão deu a ele o nome de "época axial", um período que é um eixo na história mundial.

O quadro a seguir dá uma ideia dessa história.

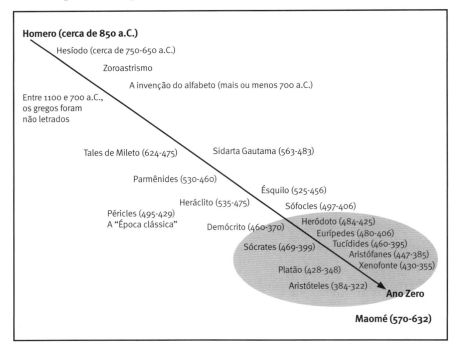

A escola

Nesse período de pouco mais de mil anos surgem as maiores tradições espirituais da humanidade. Elas têm em comum o fato de terem sido preservadas por meio de textos.

O outro legado grego, como já vimos, foram as metáforas e os modelos que até hoje usamos para pensar sobre o desenvolvimento das capacidades e possibilidades típicas da natureza humana.

A vida humana, de acordo com as principais metáforas de Platão e Aristóteles, é composta por níveis. O nível básico da vida é o da nutrição, como ocorre com os vegetais. O nível intermediário é o da sensibilidade e corresponde ao da existência animal. O nível superior é o da vida que é vivida no plano da linguagem e da racionalidade.

A existência da vida vegetativa é considerada uma condição necessária para a existência da vida sensitiva, e estas duas são condições necessárias para a vida racional. Segundo esse modelo, as relações entre os níveis da vida não são de simples acréscimo ou de acumulação. O nível mais alto é sustentado pelos níveis anteriores, mas ele também exerce influência sobre os níveis anteriores.

Segundo essas metáforas de níveis, a nossa vida racional não pode existir sem a presença da vida sensitiva e vegetativa. Nessa visão, o ser humano não é um mero agregado de partes, e sim um todo integrado e hierarquizado a partir da dimensão intelectiva ou racional, que não anula nem suprime as dimensões anteriores. Ao contrário, as enriquece. Há muitos ditados populares inspirados nessas metáforas, todas elas baseadas na ideia de que não é adequado que uma pessoa se deixe levar exclusivamente pelas demandas do estômago ou dos hormônios. É preciso cultivar uma vida equilibrada, na qual as paixões e as emoções tenham o contraponto da razão. Para isso é preciso formar *pessoas*. É preciso ideais e motivos formativos, é preciso alguma *escola*.

Vocês devem estar se perguntando agora qual é a relação entre os dois eixos da educação escolar que mencionei, o da *tecnologia da escrita* e do *ideal formativo*. Eu disse que esse seria um critério razoável para o conceito de educação formal ou escolar. A razão disso é simples. Os *ideais formativos*, tanto religiosos quanto leigos, tanto gregos quanto romanos, tanto antigos quanto modernos, incluirão cada vez mais a

119

capacidade humana de, através da leitura e da escrita, *apropriar-se do conhecimento relevante disponível*, não apenas por meio da transmissão oral, mas principalmente pelo acesso pessoal a textos.

A ESCOLA MODERNA

A nossa forma de vida, desde a Revolução Industrial, ligou-se ao aprendizado da língua escrita. Com a invenção e a difusão da prensa, a partir do século XV, o mundo ficou cada vez mais *opaco* para quem não sabe ler. Sem a escrita, é a própria estabilidade do mundo que fica ameaçada. A invenção da escrita deu às sociedades o poder de transmitir as leis, os pactos, as histórias e as descobertas. Vimos que a linguagem simbólica é um portal da humanidade e o outro é a invenção da escrita alfabética. Quando pensamos sobre a escola sob esse ponto de vista, podemos vê-la como uma invenção humana destinada, acima de tudo, a manter esses portais funcionando.

Quero agora ampliar um pouco o argumento em favor da centralidade da experiência escolar na modernidade, e para isso vou indicar algumas convergências que sugerem isso. Com essas lembranças estaremos prontos para o próximo passo.

Uma das primeiras defesas do ensino universal foi feita por João Amós Comenius, na sua *Grande didática*. Ele escreveu em favor de uma escola para todos, sem distinções, mas manteve um pé no mundo religioso ao se comprometer com as verdades do "reino cristão". As pressões para uma escola laica e universal se fortaleceram no século XVIII, principalmente na França, motivada pelo ideário enciclopedista e revolucionário, e na Inglaterra, motivado pelas situações criadas pela nascente revolução industrial.

A Constituição francesa de 1791 propôs um sistema de instrução pública, no nível primário e gratuito, comum a todos os cidadãos, mas foi preciso esperar quase cem anos para que o sistema se tornasse realidade, com as leis Jules Ferry, de 1881. Na Inglaterra o processo foi mais rápido, pois as vozes liberais em defesa do "ensino para os pobres" foram muitas.

A lista dos defensores de um sistema educacional para as massas inclui Adam Smith, James Mill, Jeremy Bentham, John Stuart Mill e Karl Marx, entre outros. Adam Smith raramente é mencionado nos livros de Filosofia da Educação, e isso é uma injustiça. Nas dezenas de páginas que ele dedicou ao tema em seu *A riqueza das nações*, procurou convencer o leitor que uma sociedade que permite que as pessoas não desenvolvam adequadamente suas faculdades intelectuais cria mutilados e deformados em uma parte essencial da natureza humana. James Mill escreveu mais de uma defesa da escola laica, em especial no escrito intitulado *Escolas para todos, de preferência a escolas para eclesiásticos* (1812). Jeremy Bentham escreveu a *Chrestomathia* (1815), um tratado de educação onde há uma base curricular comum para o ensino de crianças e jovens, acompanhada de princípios pedagógicos, metodologias, sistemas de inspeção, controle e avaliação. Para culminar, poucos anos depois, em 1848, o *Manifesto comunista,* de Marx e Engels, fez uma defesa semelhante à dos liberais ingleses, de uma educação pública gratuita para todas as crianças.

EDUCAR É UM VERBO COM MUITOS SUJEITOS

Foi Bertrand Russel, em um de seus *Ensaios céticos*, que inspirou a atividade de redação sobre as finalidades da educação que eu relatei no começo deste capítulo. A atividade nos lembrou a dificuldade enfrentada pela Filosofia da Educação: a educação pode ser vista pelo enfoque do Estado, da Igreja, dos professores, dos pais e da própria criança. Devemos acrescentar na lista dele o enfoque dos sociólogos, economistas, psicólogos, antropólogos, no mínimo. Temos aqui uma dificuldade da *execução* da educação escolar, que deve ser abordada de um ponto de vista filosófico.

O que eu chamo aqui de dificuldade de *execução* da educação é diferente da dificuldade de *caracterização* da educação que procurei destacar na primeira parte deste livro. A educação é uma atividade difícil de caracterizar, entre outras razões, pela sua natureza híbrida e difusa, pois ela engloba as ações e as intenções das pessoas, mas isso ocorre dentro de contextos de vida e de mundo com suas próprias dinâmicas e leis. Assim, os limites das atividades educacionais não são claramente definidos e ela é paradoxal, no sentido de que as suas ações incidem sobre seus agentes. A dificuldade aqui é de tipo teórico, conceitual, e exige de nós a correspondente paciência teórica.

A "dificuldade de execução da educação" é de outra ordem. Os agentes da educação são muitos e estão localizados em todos os lugares do processo educacional. O lugar da educação escolar é a escola, a sala de aula e isso não é arbitrário. O lugar da educação familiar e informal é a casa e, eventualmente, a vizinhança. O professor é o agente da educação e não está só com as crianças, há também a direção da escola, que precisa ouvir as políticas públicas que foram aprovadas pelos agentes legislativos, que foram detalhadas pelos agentes do Estado, que foram influenciadas pelos estudiosos do assunto *etc*. A escola pode ter também um conselho de pais, que deseja ser ouvido, e, não raro, há consultores que dão seus palpites a cada tanto. A sala de aula, no final dessa longa conta, abriga apenas a professora e a criançada, mas está cheia de agentes. A dificuldade aqui é prática, e exige de nós a correspondente atitude de tolerância política.

Vamos deixar a sala de aula para pensar sobre o que acontece nos sistemas municipais, estaduais, nacional. *Quem age neles*? Como eles se movem, para onde, de onde, por quais razões? Esses sistemas de coordenação educacional precisam ouvir as vozes que vêm dos mais diferentes espaços da sociedade: das universidades, da política, das religiões, dos sindicatos, dos movimentos sociais, de mães e pais, todos querendo interferir na educação das crianças. Educar é um verbo com muitos sujeitos.

Na primeira escola onde trabalhei, no meio de uma cansativa preparação do semestre, uma das professoras mais experientes procurou animar os colegas que não pareciam acreditar muito na importância do planejamento. Ela disse: "Vamos lá, educar é um verbo *pentatransitivo*". E justificou: "Quem educa, educa alguém, por alguma razão, com algum conteúdo ou atividade, mediante alguma ação, em algum contexto". A frase dela passou a ser o nosso mantra, sempre que algum de nós começava a agir como se educar fosse um verbo intransitivo, com um sujeito apenas. Foi ali que eu aprendi que não devemos *dar* aulas. *Dar* é intransitivo. Deu, está dado. As escolas são instituições pentatransitivas.

A PRIMEIRA PESSOA NA ESCOLA

Nas suas *Lições de Ética,* o filósofo Ernst Tugendhat disse que todas as pessoas ligadas à educação devem ter como orientação moral o reconhecimento e a animação das *capacidades* das pessoas. Eu não posso concordar menos com ele e quero explorar esse ponto fazendo uma distinção entre o reconhecimento e a animação de capacidades *em primeira pessoa*, e os reconhecimentos e as animações em *terceira pessoa*. No primeiro caso, estamos diante de uma pessoa, face a face. Respiramos o mesmo ar ou partilhamos a mesma tela, há uma relação entre pessoas de carne e osso. No segundo caso, há um distanciamento e uma impessoalidade.

Nesse sentido, o ensino por meio das interfaces de computadores e *smartphones* não é virtual. Há neles, por certo, um empobrecimento do contato: a resolução e o tamanho das telas, a impossibilidade de aproximação e afastamento, o controle unilateral do microfone e da tela, a instabilidade dos sistemas etc. É possível, no entanto, usar esses ambientes de comunicação de uma forma parecida com o que acontece na sala de aula, pois as pessoas estão presentes umas diante das outras, de forma transparente; vemos nossos rostos, ouvimos as falas, percebemos os estados de humor. Tudo fica mais pobre, mas algo se vê ali.

Vou relembrar a distinção entre os ambientes *opacos* e os ambientes *transparentes*, que vimos no capítulo "Os portais simbólicos". Os sentimentos imploram por transparência. Dificilmente conseguimos esconder nossos sentimentos diante de outra pessoa por muito tempo. Isso é uma das maiores fontes de alegria e de sofrimento para professoras e professores. Basta olhar o rosto da criança para saber, de forma *transparente*, que as coisas vão indo bem ou mal. Diretoras e diretores, merendeiras e merendeiros têm a mesma experiência e todos estão na escola em primeira pessoa. Nessa situação de proximidade pessoal e

Filosofia da Educação

transparência, podemos falar dos *desejos* das pessoas que ali estão sem que isso soe raro. Para se ter uma boa ideia de quais são esses desejos, basta olhar para as pessoas. É transparente.

O desejo mais genuíno que pode haver na mãe e no pai que levam a criança para a escola é que ela tenha ali um bom dia, que ela volte para casa mais crescida, feliz e sabida. Da mesma forma, o desejo mais profundo de cada professora e professor é que, nas mãos deles, a criança cresça e seja feliz. O ideal de felicidade pessoal nem sempre foi um tema central na Filosofia da Educação, mas esteve presente, mesmo que de uma forma implícita. Qual outra finalidade poderia haver para a educação? Parece certo, por outro lado, que as relações entre educação e felicidade são complicadas, pois, como já vimos, há mais coisas na sala de aula além de professores e alunos. Há o Estado, os partidos e os políticos, as igrejas, as corporações profissionais, os sindicatos, as universidades. Há muito mais gente na sala de aula além de professoras, professores e a meninada. Felizmente, são apenas eles que estão ali em *estrita primeira pessoa*. O fenômeno é relevante demais para passar desapercebido. É verdade que o Estado costuma assumir a perspectiva de *primeira pessoa institucional* em suas proclamações sobre a educação, sobre currículos, carreiras. Seus porta-vozes dizem que "O Estado quer isso e aquilo", mas o Estado não é uma vontade como aquela das primeiras pessoas da sala de aula. Voltaremos a isso mais adiante, na discussão sobre currículo.

A ESCOLA EM TERCEIRA PESSOA

As considerações que fazemos em terceira pessoa sugerem distanciamento e impessoalidade. A terceira pessoa, esclarece a gramática, é a pessoa ou o assunto de quem se fala. O que é a "escola em terceira pessoa"? Não há nada de novo ou especial nessa denominação. Trata-se apenas de uma maneira abreviada de descrever uma característica da tradição cultural em que vivemos. Desde Platão, para citar um nome mais conhecido, fala-se sobre a escola como um *assunto*: o que é a escola, quais são e quais devem ser suas finalidades, *quando* e se as criança devem entrar nela, *o quê* deve ser ensinado ali e *como*, *qual* deve ser a disciplina e a avaliação, até *quando* ela deve ser frequentada e por aí vai. Não há nada de errado nisso. Com os devidos ajustes, essa é a forma básica do trabalho dos pedagogos, filósofos, sociólogos, psicólogos. Alguns profissionais estão mais preocupados em *descrever* a escola, outros concentram-se mais em *prescrever* para a escola, mas qualquer que seja a tendência, a escola é, nesses casos, uma *ela*, um assunto em *terceira pessoa*.

Vocês devem estar se perguntando aqui se é possível haver, na prática docente, essa distinção entre ver a escola em primeira pessoa e vê-la em terceira pessoa, nas teorias. "Não é inevitável que, na prática, tudo se misture?" É claro que o nosso trabalho docente é sempre um trabalho informado pelo que aprendemos sobre o que é uma escola, o que é ensinar e o tudo o mais. Isso está fora de discussão. Não há uma prática docente pura, desprovida de informação prévia, sem visões ou teorias que a amparem. A distinção de pessoas a que eu me refiro aqui é de outra ordem. Não se trata de *ver* a escola dessa ou daquela forma. Na vida docente real *estamos* na escola, diante de crianças e jovens que *estão* na escola. Aquilo que *vemos* na situação didática é iluminado pelos saberes que temos, mas também pela *presença* de vidas humanas, umas diante das outras. Se a nossa presença ali é suficientemente atenta, estamos sempre corrigindo, mudando, redirecionando a nossa visão, diante de pessoas de carne e sonhos.

Não pode haver confusão entre *estar presente na escola, em primeira pessoa*, como estudante, como professor, como administrador da escola, e *falar sobre a escola em terceira pessoa*, fazendo dela um objeto de teorias, sejam progressistas, sejam conservadoras. Isso é sempre mais verdadeiro quanto mais próximo estamos das crianças na fase em que elas se apropriam das tecnologias que permitem lidar com a opacidade do mundo: ler, escrever e contar. A menos que sejamos *abecedaristas*.

Os abecedaristas foram religiosos do século XVI que discordaram da Reforma Protestante. Eles acreditavam que o batismo, que simbolizava o ingresso no cristianismo, deveria ser recebido apenas na idade adulta, para que a adesão a Cristo fosse feita com clareza de consciência.

Eles diziam que a inspiração religiosa vem diretamente de Deus para a mente dos praticantes, que não é totalmente pura, pois também recebe instruções que nem sempre estão sintonizadas com os pensamentos divinos. A mente, assim dividida, não consegue receber a inspiração divina com a pureza necessária, pois os pensamentos inspirados por Deus têm que disputar espaço com os pensamentos mundanos. Para prevenir as contradições entre os pensamentos soprados por Deus e aqueles trazidos pela vida mundana, os abecedaristas concluíam que o mais recomendável era *não aprender a ler*. Os riscos para a boa-fé começavam no *abecê*, a escola não deveria ensinar a ler.

O abecedarismo é apenas um exemplo das relações complicadas entre educação e política, por exemplo. Eles disseram que aprender a ler era perigoso para a religião. Há quem diga que ler, escrever e contar são aprendizagens importantes para a vida política. O abecedarista, que quer fazer da escola o lugar da difusão oral de uma religião, e aqueles que pensam que aquilo que mais importa ensinar é uma crença específica têm isto em comum: ambos pensam a educação escolar como o instrumento para o futuro no qual a criança é apenas um meio de realização.

Os filósofos da educação que eu mencionei sugerem outra visão, orientada pela seguinte ideia: a disseminação da leitura, da escrita e da imprensa é um processo indissociável da vida moderna e suas implicações são, até certo ponto, imprevisíveis.

A ESCOLA E A INVENÇÃO DA PRENSA

Ler e escrever são tecnologias que não implicam, por elas mesmas, posições religiosas ou políticas. Elas são, por assim dizer, uma espécie de motor ligado na posição de neutro. Se vamos colocar o câmbio na posição de ré ou de ir para a frente, o problema é de ocasião. Se vamos usar a habilidade de ler e escrever para anotar as características morfológicas da borboleta *Morpho catenarius*, como fez minha neta aos 7 anos, isso não está escrito em nenhum lugar. Ao redor dos 6, 7 anos, as criancas querem se alfabetizar porque percebem que isso é valioso por si só. Elas não têm motivações estreitas, querem apenas aprender a ler e escrever porque percebem que isso é importante, *ponto final*. Não é assim com gente grande. Quem já alfabetizou adultos sabe do que eu estou falando. As motivações do adulto para participar em um curso de alfabetização são mais bem definidas. Uma pessoa quer, por exemplo, ler a Bíblia, outra quer fazer o exame de motorista ou ler livros de culinária. Há de tudo.

Quero voltar aqui à distinção entre os *ambientes transparentes* e os *ambientes opacos*. Vou sugerir, em uma frase, uma forma singela de pensar sobre a importância da leitura e da escrita na história, em especial depois da invenção da prensa: *a opacidade do mundo cresce com o incremento da presença daquelas porções do mundo que somente nos são acessíveis mediante o letramento*. Não é necessário letramento para rachar lenha, buscar água, acender o fogo e fazer uma sopa. Aprendemos essas coisas vendo. O desempenho dessas atividades não depende da leitura de um manual de instruções, bastam uns poucos conselhos orais na presença da lenha, do gume e do legume.

O crescimento da oferta da cultura escrita, ao longo da história, gerou muitos efeitos. Nas sociedades onde há apenas uma tradição formativa e ocorrem poucos ou nenhum contato com outras tradições culturais, onde a educação é baseada na imitação e na transmissão oral, as *explicações* que o grupo partilha sobre a sua origem e identidade têm grande duração e estabilidade, quando comparadas com o que ocorre nas sociedades letradas. Se, diante da pergunta sobre a origem, há apenas uma *única* resposta, como, por exemplo, descendemos do Deus X, não há espaço para dúvidas sobre esses temas. A partir do dia em que alguém, com alguma respeitabilidade, traz argumentos para dizer que é possível que na nossa origem não está o Deus X, mas sim o Deus Y, ou nenhum Deus, a opacidade do mundo aumenta. Começa a haver uma concorrência entre as explicações, há mais textos e argumentos para decifrar. Surge, para não nos deixar mais, *a sombra da dúvida* no horizonte das compreensões do mundo.

A TRANSMISSÃO DO ESTOQUE

As crianças são inocentes, de um ponto de vista cognitivo, porque elas tipicamente *confiam* no que os adultos dizem. A expressão "confiança cega" diz isso: a criança não precisa olhar para aquilo que um dia vai chamar de "mundo", pois é suficiente que ela olhe para o que o adulto lhe apresenta. O primeiro episódio de perda da inocência ocorre quando ela compara a palavra dos cuidadores e cuidadoras com a respectiva situação do mundo e descobre que eles podem errar. Essas pequenas quebras são reparáveis, pois não podemos viver sem alguma confiança. É normal que a criança perca algum encantamento, mas surgirão outros. Há um mundo depois do quintal, há os vizinhos, os parentes, os professores. Com um pouco de sorte, surgirão para ela novos depositários de confiança, e novas inocências. Essa é uma das mais importantes identidades simbólicas da escola. Entrar nela é o início de uma nova etapa, que pode ser o começo de uma nova vida. A criança é estimulada a pensar sobre "o que ela quer ser quando crescer". Esse jogo de imaginação que fazemos com ela é, em certa medida, um espaço de renascimento, uma nova inocência.

Aquilo que a criança responde quando perguntamos o que ela quer ser quando crescer é ser uma indicação de como tem sido a sua vida até então, do alimento que tem sido fornecido para sua imaginação. Ela se vê fazendo coisas parecidas com o que se faz no entorno imediato, mas pode também voar na imaginação, ajudada pela escola, por livros, por experiências vividas ou sonhadas fora de suas vivências imediatas. A escola pode facilitar o conhecimento sobre o mundo que está longe dos nossos olhos e de nosso coração. Aqui tocamos no tema da escola como uma instituição que tem, entre suas finalidades essenciais, a transmissão de uma herança.

Uma geração transmite para a outra um estoque de tradições e habilidades. Sem essas informações a vida social se debilita. Uma das habilidades mais sutis que uma geração transmite para outra é a capacidade de avaliação da qualidade do próprio estoque que está sendo transmitido. Isso fica evidente no aprendizado da língua materna. Ninguém aprende apenas a *falar* a língua materna, como se estivesse aprendendo um código de correspondência entre sinais e coisas. Nascer dentro de uma língua é uma lenta caminhada de ajustamentos dos significados das palavras, da relação delas com o mundo, da justeza e correção de nossas afirmações. Nessa caminhada não falamos apenas sobre coisas, pessoas ou relações, mas também sobre a própria linguagem e as suas convenções. Isso quer dizer também que chega o dia em que conversamos não mais sobre esse ou aquele acontecimento na vida, mas sobre as nossas próprias convenções, sobre as nossas formas de vida, já que há uma variedade delas nas sociedades letradas.

Vou dizer isso o mais claramente possível: não há nada de errado quando se diz que a educação tem, entre as suas funções essenciais, a de transmitir uma herança cultural. É preciso lembrar imediatamente outro fato trivial: *ela também transmite, em maior ou menor grau, as capacidades de avaliação dessa herança.* Isso está no DNA da escola moderna, na medida em que seu centro de irradiação é a propagação da leitura e da escrita. Se essa característica já está presente desde a Grécia, ela se acentua com a Revolução Industrial, entre o final do século XVIII e o começo do século XIX. Até então a criança aprendia apenas os saberes e as habilidades disponíveis na comunidade em que vivia. Os ofícios eram transmitidos de pessoa a pessoa, e as letras e os números eram a ocupação de poucos. A partir da Revolução Francesa e da Revolução Industrial, a escola transformou-se em uma instituição essencial, seja para a nova cidadania, seja para a nova economia, pois ambas estão ligadas de forma importante ao letramento.

A escola tem sido objeto de polêmicas desde a época em que ela passou a ser indispensável, na Europa do começo do século XVIII. As primeiras disputas foram entre a Igreja e o Estado, mas logo se ramificaram, de modo a incluir temas que perduram até hoje, como a questão do espaço para o ensino vocacional ou profissionalizante, diante de um ensino mais voltado para uma formação humana ampla e integral. Essa situação tende a persistir e a se repetir a cada geração, em novas versões. O meu ponto de vista aqui é que uma visão em uma perspectiva mais ampliada não nos autoriza pensar que esses problemas podem ser solucionados de uma vez por todas. Eles se repetem e são repostos em novas versões. A escola é uma instituição que se presta a interpretações dualistas e exageradas. Ela tem um núcleo *duro*, pois está ligada à difusão inevitável da tecnologia da leitura e da escrita e uma superfície suave e sensível a contextos históricos mais restritos. As polêmicas sobre a escola fazem parte dela.

Há coisas que acontecem *em nós* e ninguém pode impedir, como a descida da glote no fim da infância e as transformações hormonais na puberdade. Há coisas que *nos afetam* e que nos chegam pela conversa ou pelos livros. Os adultos podem controlar, até certo ponto, o que uma criança vai ouvir, limitando as oportunidades de interação social dela. Depois que ela aprender a ler, tudo fica mais difícil, pois os textos estão por toda a parte. Depois que começamos a ler, há mundos que surgem e outros que desaparecem. A escola é, dentro de certa medida, um acontecimento *em nós,* como a descida da glote, pois ela pode amplificar nossa voz; e ela é também um acontecimento que nos afeta, pois, por ocasião dela, surgem novos mundos – eles podem ser terríveis – em nossa vida pequena.

No começo deste capítulo, fiz uma provocação sobre o tema da finalidade da educação. Vou retomá-la. Há muitos pontos de vista sobre esse tema, como vimos, e é difícil unificá-los, na medida em que alguns deles são incompatíveis entre si. Disso resultam polêmicas e conflitos. Minha sugestão, neste capítulo, foi a de olhar para a escola a partir de uma torre mais elevada no terreno, e não a partir das trincheiras de ataque ou defesa. A educação formal não é apenas o que os interessados desejam que ela seja. Ela tem uma história e um papel civilizatório que precisa ser considerado. Não podemos confundir os pontos de vista dos setores interessados no assunto – Estado, pais, igrejas, professores, corporações, sindicatos – com a realidade. Ver a educação com outros olhos não significa também usar apenas os olhos das crianças. É preciso, certamente, levar a sério o conhecimento da escola em terceira pessoa, pela Sociologia, pela Psicologia, pela Filosofia, pela História, mas temos que entender que a *presença* da criança e do professor acontece em primeira pessoa. A escola não é apenas *isso* ou *aquilo*. Ela é uma parte essencial da nossa forma de viver, ligada ao letramento e suas consequências. A educação é redonda, como a Terra. No lado de dentro, estão as professoras, os professores e as crianças, em primeira pessoa. Do outro lado está o vasto mundo.

Textos complementares

O pensamento letrado (Walter Ong)

> Uma compreensão mais profunda da oralidade original e primária nos permite entender melhor o novo mundo da escrita, o que ele verdadeiramente é e o que de fato são os seres humanos funcionalmente alfabetizados: seres cujos processos de pensamento não se originam de poderes meramente naturais, mas sim de poderes que são estruturados, direta ou indiretamente, pela tecnologia da escrita. Sem a escrita, a mente alfabética não pensaria e não poderia pensar como ela faz, não apenas enquanto está ocupada em escrever, mas normalmente, mesmo quando ela está articulando oralmente seus pensamentos. Mais do que qualquer outra invenção particular, a escrita transformou a consciência humana. (2002b: 77)

A autoridade do professor (Émile Durkheim)

> A escola não pode pertencer a um partido, e o professor falta aos seus deveres quando usa a autoridade de que dispõe para arrastar os seus alunos no trilho dos seus próprios ideais, por mais justificados que lhe possam parecer. Mas, apesar de todas as dissidências, tem havido até hoje, na base da nossa civilização, um certo número de princípios que, implícita ou explicitamente, são comuns a todos, que poucos, em todo o caso, ousam negar abertamente e face a face: respeito pela razão, pela ciência, pelos ideais e sentimentos que estão na base da moral democrática. O papel do Estado é esclarecer esses princípios essenciais, fazê-los ensinar nas suas escolas, velar para que em nenhum lugar as crianças os ignorem, e para que em todo o lado se fale deles com o respeito que lhes é devido. Há, sob este aspecto, uma ação a exercer que será talvez tanto mais eficaz quanto menos agressiva e menos violenta, e que melhor se saiba conter em limites ajuizados. (2007: 62)

A escola é pré-política (Hannah Arendt)

Normalmente a criança é introduzida ao mundo pela primeira vez através da escola. No entanto, a escola não é de modo algum o mundo e não deve fingir sê-lo. Ela é, em vez disso, a instituição social que interpomos entre o domínio privado do lar e o mundo adulto com o fito de fazer com que seja possível a transição, de alguma forma, da família para o mundo. Aqui, o comparecimento não é exigido pela família, e sim pelo Estado, isto é, o mundo público, e assim, em relação à criança, a escola representa em certo sentido o mundo, embora não seja ainda o mundo de fato. Nessa etapa da educação, sem dúvida, os adultos assumem mais uma vez a responsabilidade pela criança, só que, agora, essa não é tanto a responsabilidade pelo bem-estar vital de uma coisa em crescimento como por aquilo que geralmente denominamos de livre desenvolvimento de qualidades e talentos pessoais. (1972: 238-9)

Currículo

FILOSOFIA E CURRÍCULO

A formulação do currículo escolar envolve, entre outros aspectos, a definição de objetivos educacionais, a seleção de conhecimentos, habilidades e formas de avaliação e a definição de quando e como esses aspectos são implementados. Há muito mais. Quem deve formular o currículo escolar? Deve existir um currículo nacional? Com qual nível de detalhamento? Como devem ser atendidas as características regionais e municipais? O currículo deve estar baseado em disciplinas ou pode ser de tipo interdisciplinar, baseado em projetos e problemas? Podemos compreender a noção de "escola" e "pedagogia" sem a noção de "currículo"? Eu quero indicar, com essas perguntas, que o currículo escolar é um tema importante na Filosofia da Educação.

É tentador pensar que a didática diz respeito ao *como* ensinar, que a escola é o lugar *onde* e *quando* as aprendizagens formais acontecem e que o currículo indica o *que* ensinar. Precisamos resistir a essa tentação, pois ela esconde as complicações do currículo:

as características do *como*, do *onde* e do *quando* também fazem parte daquilo *que* se ensina. É tentador pensar que o currículo é uma lista de disciplinas ou assuntos, organizados em alguma forma de hierarquia. Nove entre dez pessoas, quando ouvem falar em reforma curricular de uma escola ou de um curso, pensam em retirar ou acrescentar disciplinas, alterar os conteúdos ou mudar as sequências. Isso não está mal, pois no dicionário *Houaiss* consta que o currículo é "programação total ou parcial de um curso ou de matéria a ser examinada", mas o currículo é mais do que isso.

Vamos distinguir dois sentidos dessa expressão. O primeiro é esse de "programação", sugerido pelo dicionário. Fala-se em grade ou proposta curricular, por exemplo, para indicar o conjunto de disciplinas e atividades de uma escola ou curso, com seus objetivos, ementas, conteúdos, cargas horárias, formas de avaliação etc. Nesse sentido, fala-se também em "base curricular", como no caso da expressão "base nacional comum curricular". Nesse caso, a expressão "componente curricular" indica as grandes áreas de conhecimento como Linguagens, Matemática, Ciências da Natureza, Ciências Humanas, e disciplinas como Língua Portuguesa, Arte, Geografia, História. Esses usos da expressão "currículo" variam em alcance, mas referem-se a disciplinas, áreas de conhecimento, conteúdos, objetivos, ementas etc.

AS APRENDIZAGENS COLATERAIS

Fala-se também em *currículo oculto*, invisível, não escrito, não oficial etc. Essas expressões indicam aqueles aspectos que sempre estão presentes na escola, que são relevantes no processo de ensino e aprendizagem, para o bem e para o mal, mas que nem sempre são reconhecidos no planejamento de ensino. A forma como as crianças são elogiadas, as decisões da escola sobre fixar ou não as carteiras no chão, a atribuição de lugar exclusivo a cada estudante, a adoção do uniforme escolar, são situações que passam mensagens diferentes para a criança. O currículo oculto não é algo bom ou ruim por si mesmo.

O currículo, a Pedagogia e a avaliação são também sistemas de mensagens (Bernstein, 2003), nos quais as expectativas e as discriminações morais e culturais são comunicadas de modo implícito. Essa expressão, "currículo oculto", firmou-se a partir do livro de Philip Jackson, *A vida na sala de aula*, de 1968. O conceito está presente na obra de John Dewey, que usou a expressão "aprendizagem colateral" para criticar a ideia de que "uma pessoa aprende apenas a coisa particular que está estudando na hora" (Dewey, 1997: 48).

EDUCAÇÃO E TRANSCENDÊNCIA

Quando tratamos da questão dos fins da educação, as diferenças entre a educação no sentido mais amplo e no sentido escolar ficam evidentes. Surge aqui um dualismo importante.

No sentido amplo, a educação é um processo necessário e vital para qualquer pessoa, como já vimos. Mães, pais e cuidadores procuram se orientar por ideais e por valores que julgam permanentes. Queremos que as crianças vivam na verdade, na bondade e na beleza. Essa é a meta última para a educação que todos queremos para as crianças. Há nisso a abertura para uma transcendência, para uma busca de perfeição.

Trata-se de uma pequena transcendência, e é fácil mostrá-la. É com essas palavras – verdade, bondade, beleza – que as mães e os pais cercam seus filhos com elogios e repreensões, quando desestimulam a mentira, a maldade e as ações feias. Se perguntamos a alguém sobre a finalidade da educação que proporciona aos filhos, não podemos estranhar que a resposta seja: "que eles venham a ser boas pessoas". E se insistimos em saber o que é "uma boa pessoa", também será natural que a resposta seja: "que ela faça coisas boas e bonitas, que ela não minta e não machuque os outros".

Aqui pode surgir uma objeção de tipo relativista, a saber, que esses valores variam culturalmente. Considere, no entanto, que estou falando de uma cultura como a nossa, que está sustentada no valor de falar a verdade, de não maltratar as pessoas e que entende a moral, mesmo que apenas implicitamente, como um sistema de normas sociais de exigências recíprocas, na qual a vontade das outras pessoas tem um peso idêntico à nossa vontade (Tugendhat, 2002: 36).

A reflexão sobre os fins da educação, no seu sentido escolar, faz surgir algumas diferenças, como já disse. Quando pensamos na educação em sentido amplo, como sugeri, podemos falar de uma abertura para a transcendência. O que quero dizer aqui com "transcendência" é apenas isto: *que temos um modo de vida que permite invocar com naturalidade uma moral de exigências recíprocas.* A base moral que nos vincula é um sistema de expectativas recíprocas. Qualquer pessoa pode entender isso, mesmo que não saiba verbalizar essa ideia. Ser uma "boa pessoa", portanto, não consiste em corresponder a um ideal abstrato e sim algo muito concreto e visível: não ser tratado como simples meio, mas sempre e ao mesmo tempo como fim.

Como chegamos a essa pequena transcendência? Não tenho condições de explorar esse tema aqui, e, por outro lado, isso é de conhecimento geral. O nosso sistema moral, que tem essas características, foi erguido ao longo de muitos séculos, por meio da religião, da Filosofia, do direito, da arte e das ciências. A fixação e a continuidade dele são resultado de um trabalho de formiguinhas milenares, e a educação formal tem uma parte importante nisso.

UMA AMBIGUIDADE NA EDUCAÇÃO ESCOLAR

Voltamos à escola, portanto, e aos fins da educação escolar. A moralidade baseada em exigências recíprocas começou a ser pensada pelas grandes religiões e possui uma estabilidade, ainda que precária, diante das mudanças sociais e políticas. A educação escolar, na forma como a conhecemos, firmou-se apenas a partir do século XVII, e sua história é uma sucessão de reformas, ligadas a uma ambiguidade importante.

A ambiguidade da escola consiste em que uma de suas finalidades – sua finalidade *espiritual* – é o ideal de uma vida autônoma, em uma moral de exigências recíprocas. Nisso ela está ligada à educação em sentido amplo. A outra finalidade é que essa autonomia deve ser também *material* e aqui surge o compromisso dela com aquilo que as pessoas chamam, popularmente, de "conteúdos".

A educação escolar, portanto, é um empreendimento dividido entre duas exigências que nem sempre convivem bem. Ela precisa ser coerente com os ideais de formação humana para uma autonomia recíproca ampla, mas isso deve incluir a oferta de conhecimentos e habilidades que possibilitem às pessoas ganharem suas vidas. A equação não é fácil de ser montada.

Os governos, quando legislam sobre educação, promulgam leis nas quais há parágrafos sublimes e grandiosos sobre os fins da educação, seguidos por outros parágrafos mais humildes, sobre o que e quando as crianças devem aprender. Os parágrafos elevados que constam nas leis renovam os compromissos com os ideais morais e políticos erguidos há séculos; com os parágrafos pedestres, sobre a leitura, a escrita e os números, as leis visam o chão da vida cotidiana. Essa ambiguidade da educação escolar é parte dela. O currículo escolar é a resposta que damos, a partir de um horizonte moral, para o desafio de combinar a oferta simultânea de opções intelectuais com oportunidades de vida para todos que procuram a escola. Nunca ficamos totalmente contentes com o que conseguimos, estamos sempre reformando a própria escola e o currículo, mas é assim que garantimos o precário equilíbrio entre os ideais e a realidade.

A SELEÇÃO DOS CONHECIMENTOS

O currículo é apenas o resultado de jogos de poder? A seleção dos conhecimentos, competências, habilidades e valores propostos em um currículo por vezes é comparada a um jogo no qual quem pode mais, controla melhor. Todos querem apitar esse jogo: pais e mães, igrejas, Estado, políticos, professores, corporações profissionais, grupos de pressão de todos os tipos procuram influenciar o currículo escolar, pois é de pequenino que se torce o pepino, pensa-se.

Há alguma verdade nessa metáfora de jogos de poder. Como já disse Bernstein, "o modo como uma sociedade seleciona, classifica, distribui, transmite e avalia o conhecimento educacional que ela considera público reflete tanto a distribuição de poder e os princípios de controle social" (Bernstein, 2003: 156). As formas desses jogos de poder, no entanto, são variadas. Para ver isso, basta imaginar um país no qual a constituição siga literalmente um texto da tradição religiosa. Nesse país as escolas e as universidades terão seus currículos subordinados aos valores da religião dominante. Em uma sociedade cuja constituição estabelece um Estado laico, no qual coexistem várias tradições religiosas, os currículos das escolas públicas tendem a ser independentes de crenças particulares, sem desrespeitá-las.

Por outro lado, é preciso ter em mente que os objetivos básicos de uma escola não são polêmicos: que as crianças aprendam a ler fluentemente, a escrever com correção, que sejam capazes de fazer todos os tipos importantes de contas, e que essas habilidades contribuam para que elas venham a ser boas pessoas.

Boa pessoa: esse conceito não é polêmico. Uma boa pessoa é aquela que dá, para a sua vontade, o mesmo peso que concede para a vontade do outro. Não é fácil chegar a essa condição. É preciso educação para que a gente tenha e mantenha essas capacidades e disposições de atenção para com o outro. Por mais que os sentimentos morais tenham alguma base natural, eles precisam ser incentivados e cultivados, e isso acontece sempre que elogiamos e cumprimos com a verdade, a bondade e a beleza. Os sentimentos de indignação e de culpa, por exemplo, estão ligados ao fato de que nos percebemos, de algum modo, como membros de uma comunidade moral que não se reduz a jogos de poder.

Pense, por exemplo, sobre a indignação individual e coletiva em relação às atitudes de discriminação de pessoas com base em raça, sexo ou classe. Essas discriminações são situações exemplares nas quais uma pessoa recusa à outra a condição de simetria e de reciprocidade moral. A base da indignação humana é sempre mais ampla do que a situação particular de classe, raça ou sexo e está ligada a uma herança espiritual secular.

A afirmação que é suficiente que uma escola ensine a ler, escrever e contar *bem* para que seja uma *boa* escola e forme *boas* pessoas, pode dar a entender que estou rebaixando-a. Estou falando aqui do objetivo mínimo da escola a cada idade da criança e do jovem. Se isso é bem-feito a cada idade e série escolar, isso significa que a criança lê bem coisas de História, Geografia e Ciências; que ela escreve bem sobre si mesma, sobre os outros e o mundo; que ela entra para o mundo dos números, em níveis cada vez mais sofisticados. Aqui surge uma combinação feliz entre o currículo aberto, oficial, e o currículo oculto. Uma parte importante do sucesso nessas atividades é debitada na conta das professoras e dos professores, na conta do ambiente que cria oportunidades de aprendizagens. A criança se deixa impregnar por bons exemplos, coisa que é essencial para a formação de uma boa pessoa. O currículo oculto não é tão oculto assim. Quem aprende uma coisa aprende sempre outra, quem ensina uma coisa ensina sempre outra. "Em todo ato de aprendizagem há um cortejo de aprendizagens" (Grisi, 1963: 92), pois atitudes, hábitos e padrões de comportamento estão sempre sendo sugeridos no ambiente escolar. A escola não é um ambiente neutro em valores.

O CONHECIMENTO É NEUTRO?

O currículo deve ser concebido como uma promoção dos conhecimentos que uma sociedade considera importantes. Em qualquer definição de educação e de currículo fica implícita essa noção de conhecimentos valiosos que precisam ser transmitidos para as novas gerações. Isso fica ainda mais evidente quando se diz que vivemos, cada dia mais, em uma "sociedade do conhecimento", que somos agora "trabalhadores do conhecimento". É preciso, pois, olhar mais de perto esse conceito, "conhecimento". Fizemos isso no capítulo "As variedades do conhecimento" e é hora de tirar algumas consequências do que vimos ali. A primeira delas é que a resposta para a pergunta "O conhecimento é neutro?" deve ser outra pergunta: "O que você quer dizer com essa pergunta?" Foi para isso que começamos a equipar a caixa de ferramentas filosóficas no primeiro capítulo. Ela nos ajuda agora a lidar com essa questão.

Veja que "neutralidade" é um substantivo abstrato que indica algo que não tem existência independente. Esse substantivo é usado para falar de situações nas quais uma pessoa ou uma instituição está diante de um certo estado de coisas: um juiz aplicando uma lei, um país diante do conflito entre outros dois países, um amigo julgando uma briga entre dois amigos. No cotidiano, costumamos exigir neutralidade não só dos árbitros de futebol e dos guardas de trânsito e juízes, mas também de qualquer pessoa que esteja na posição de julgar outra. Esperamos dessa pessoa que ela tenha uma atitude de equidistância, imparcialidade, imperturbabilidade, isenção, equanimidade. Sabemos que isso é, ao mesmo tempo, difícil e irrenunciável. É difícil *ver* bem, mas se renunciamos a um ideal de neutralidade, isso nos retira da comunidade moral das exigências recíprocas. A consequência disso é que somos obrigados, sob pena de falta de sentido no que dizemos, a refletir sobre essa pergunta: em relação ao que ou a quem o conhecimento não é neutro?

Suponha que a pessoa nos diga que o conhecimento não é neutro porque está ligado aos interesses com que foi produzido, que os conhecimentos são construções sociais e, por isso, são relativos às culturas que os produzem. Veja então que há, nesse tipo de visão sobre a suposta falta de neutralidade do conhecimento (e da escola), uma verdade a ser reconhecida: que os conhecimentos humanos não caem do céu, que as pessoas produzem conhecimentos com motivações ou interesses e que essas coisas acontecem dentro de horizontes culturais. Isso deve ser concedido. O que não pode ser concedido é continuar a conversa usando a palavra "conhecimento" no singular. Esse é um dos truques usados para se sustentar a falta de neutralidade do conhecimento e outras posições semelhantes, como aquela que diz que toda ação educativa é política. Quando usamos palavra "política" em sentido amplo, para indicar a forma de vida em comum, no sentido de Aristóteles, não há nada de errado, mas não dizemos muito, e o mesmo acontece quando usamos a palavra "conhecimento" no singular, para abarcar a totalidade das realizações cognitivas da humanidade.

Veja outro exemplo desse truque a partir dessa pergunta: "Ler e escrever são ações políticas?" Podemos responder que sim ou que não, tudo depende se entendemos essa palavra, "política", em sentido amplo ou restrito. *É claro que sim*; ler e escrever são aprendizados complexos, que ocorrem na vida comum de sociedades altamente cooperativas. Aqui estou pensando na palavra "política" em seu sentido amplo. *É claro que não*; junto com a habilidade de ler não vem colada a obrigação de ler isso ou aquilo. Aqui estou pensando a palavra "política" em algum sentido mais estrito.

O conhecimento é neutro? De *quais* conhecimentos falamos? Há uma grande variedade deles. Os elaboradores de currículo devem escolher aqueles que passam nos mais duros testes da experiência humana: o domínio da escrita e da leitura, pelo valor civilizatório e moral, sempre sai na frente nessa corrida; as verdades da lógica, da Matemática e das ciências da natureza andam sempre de mãos dadas com a leitura e a escrita. O que há de *relativo* nesses conhecimentos? É evidente que eles surgiram em algum momento da história, mas eles transcenderam o horizonte e o contexto em que foram produzidos.

Quando chegamos perto do mundo vivido, as coisas mudam um pouco. Não é fácil ver bem a História e a Geografia, por exemplo, quando elas estão próximas demais da gente. As humanidades exigem pedagogias e didáticas diferentes daquela das matemáticas. Ninguém tem um teorema para chamar de seu, mas a História, a Geografia e a vida social começam sendo da gente, coladas em nós, e nem sempre é fácil entender as razões pelas quais é importante conhecer a história e a geografia do bairro alheio. Há gente que está longe no tempo e no espaço, que tem outros valores e ideias, e é preciso uma didática especial para que a criança aprenda que o fato de eles habitarem a mesma casca terrestre faz do mundo uma coisa pequena e coletiva que vale a pena conhecer melhor.

CURRÍCULO E PODERES

A educação é um estado ou condição que buscamos, mas é também vista, no seu sentido escolar, como um meio para a obtenção de fins, que devem ser enunciados por meio de algum planejamento. O currículo, assim, indica objetivos ou realizações que os estudantes devem alcançar. Quem define esses objetivos, quando, com qual grau de detalhamento? Surgem aqui as relações entre o currículo e os poderes. Nas sociedades que se orientam por valores republicanos e democráticos, o currículo deve ser elaborado a partir de consensos entre os interessados: professores e pais, igrejas, políticos, corporações sociais profissionais – ninguém quer ficar de fora. Nos governos totalitários, todos ficam de fora, e o currículo é apenas a expressão da vontade de quem manda.

Voltamos agora ao tema da seleção de conhecimentos, habilidades, valores e atitudes que o currículo deve favorecer. Quem seleciona o que e como em uma sociedade democrática? Como nos orientamos aqui? Nesse ponto, creio que não há uma resposta fácil e válida para todos os níveis de ensino.

No que diz respeito à seleção de conhecimentos, há um paralelo possível entre educação e medicina. Houve uma época na qual o estudo da anatomia humana era proibido e na qual algumas mulheres eram vistas como bruxas. Não havia também a menor ideia sobre os benefícios da higiene para a saúde. Houve um progresso nisso, ninguém sonha em questionar essas coisas. Na educação, não se questiona o valor da fluência da leitura e da escrita e a importância da educação matemática. O que quero dizer com isso é que a comunidade acadêmica está para a educação assim como a ciência médica está para a medicina, guardadas as proporções. Há uma diferença importante, a saber, que não há uma "medicina familiar", da mesma forma que há uma "educação familiar". Há uma semelhança importante, no entanto: que há estudos e conhecimentos relevantes sobre educação, produzidos pela comunidade acadêmica da área, que precisam ser levados em conta na concepção, formulação, implementação, avaliação e revisão dos currículos.

O currículo, no entanto, deve atender às demandas dos pais e da sociedade, que podem ser de curto, médio e longo prazo. Em países com muita desigualdade social, como o Brasil, surgem mais problemas. O planejamento curricular precisa fazer a sua parte na diminuição da desigualdade. Ele deve encontrar um ponto de equilíbrio entre a diversidade regional e um padrão mínimo nacional.

É preciso ter presente aqui, mais uma vez, as variedades e características do conhecimento e da educação, conforme as idades das crianças e dos adolescentes. A assimetria na relação entre professores e estudantes varia conforme as idades escolares. Nas séries iniciais, as ações de cuidado e treinamento são essenciais e típicas, e por isso há uma assimetria acentuada entre o professor e o estudante. A assimetria diminui nas situações de ensino baseado em instruções verbais, que visa à iniciação cada vez mais explícita do estudante na comunidade maior em que vive, para além do âmbito da família.

O currículo, em uma sociedade democrática, é uma proposta de materialização das intenções formadoras sustentadas por consensos revisáveis. É, por assim dizer, uma obra aberta, em processo. Vamos imaginar aqui duas situações extremas, para entender essa noção do currículo como obra em processo. Em um dos extremos, o currículo consistiria em um conjunto de prescrições elaboradas em gabinetes de planejamento, que deixaria pouco espaço para a criatividade em sua execução; no outro, o currículo seria apenas aquilo que cada escola decide fazer nas salas de aula. É preciso percorrer um caminho intermediário entre o centralismo diretivista do primeiro caso e o expressionismo bairrista do segundo. Em países imensos, como o Brasil, uma base curricular deve ser apenas um conjunto de indicações de aprendizagens essenciais, porque as condições de implementação não são homogêneas. Não é razoável que cada escola decida, desde o zero, o que ela deve fazer com as crianças do bairro. Isso pode induzir a um localismo incompatível com o próprio conceito de país; a criança pode querer tirar o pé do bairro, e precisa que sua mão esteja apoiada na roda do currículo.

Textos complementares

A falta que faz (Michael Young)

> O que está ausente dos debates atuais sobre o currículo é precisamente qualquer teoria do conhecimento. (2010: 58)

O passado é o que permite a passagem (Bruno Latour)

> É claro que não há outra política que não a dos humanos e voltada para seu benefício! Isso jamais esteve em dúvida. A questão, na verdade, sempre concerniu *à forma e à composição desse humano*. O que o Novo Regime Climático põe em xeque não é a posição central do

humano, mas sua composição, sua presença, sua figuração; em uma palavra, seu destino. Ora, se esses aspectos se modificam, muda também a definição do que são *os interesses humanos*. Essa é uma operação acima de tudo contraintuitiva para os que um dia foram Modernos. Com eles, sempre foi preciso escolher entre o antigo e o novo, como se um cutelo os tivesse irreversivelmente separado. O passado não era mais aquilo que permitia a passagem, mas o que fora simplesmente ultrapassado. Discutir essa escolha, hesitar, negociar, ponderar, significava questionar a flecha do tempo, tornar-se antiquado. A perversidade do front de modernização é que, ao ridicularizar a noção de tradição como algo arcaico, ele tornou impossível qualquer forma de transmissão, de herança, de retomada, em suma, de geração. E isso vale tanto para a educação das crianças quanto para as paisagens, os animais, os governos ou para as divindades. (2020: 81)

O professor não é oráculo (Cecília Meireles)

Afinal de contas, ainda não se compreendeu esta coisa simples: que a educação não pertence a quem a dá, mas a quem a recebe. Os estudantes têm o direito de julgar sobre sua própria situação, escolhendo a que lhes pareça mais acertada. Quando não o podem fazer, por impossibilidade de julgamento – como no caso da escola primária –, o professor tem a obrigação de lhe garantir a mais rigorosa neutralidade de atitudes, justamente para o livrar de imposições estranhas aos seus verdadeiros interesses. Não estão nesse caso os universitários, que, com a admirável clarividência da mocidade – ainda quando alguma paixão a perturbe transitoriamente, – podem e devem escolher o caminho por onde desejam seguir para os conhecimentos que procuram. Firmou-se na retina dos professores um amor próprio intransigente que a Nova Educação terá de esclarecer e orientar: convencidos de que são os oráculos dos jovens, supondo, com uma sinceridade certamente extraordinária, que só a sua experiência vale alguma coisa, e que o mundo que palpita em redor de si não tem nem ideais nem significação, eles ficaram vendo a educação como propriedade sua, e reservaram-se o direito de a aplicar de acordo com a sua opinião, indiferente à dos que a recebem, num desvio gravíssimo da compreensão do seu exato dever. (2017, v. 2: 43)

Política

VER A EDUCAÇÃO

No início deste livro, lembrei uma afirmação feita por Hannah Arendt: "A educação está entre as atividades mais elementares e necessárias da sociedade humana, que jamais permanece tal qual é, porém se renova continuamente através do nascimento, da vinda de novos seres humanos." Essa afirmação me levou a explorar as razões pelas quais a educação é um tema com muitos lados. É difícil encontrar uma metáfora para isso. Aqui podemos pensar naquelas figuras ambíguas como a velha-moça, a face-taça, ou o pato-coelho.

Figura 4 – Pato-coelho

Vemos *ou* pato *ou* coelho. A comparação ajuda, mas não é boa, porque há apenas duas alternativas. Uma metáfora a ser lembrada aqui é a dos sábios cegos que examinam um elefante com as mãos, para dizer que bicho é. Cada um deles toca uma parte do corpo e a considera representativa do animal. Essa história também não é boa, pois nela os sábios ficam parados e tocam apenas uma parte do corpo do bicho. Não devemos fazer isso com a educação. Ela tem muitos lados, não somos cegos, podemos caminhar ao redor dela. Isso não é fácil porque enquanto giramos ao redor, ela segue caminhando.

A educação é um bem primário. As liberdades e os direitos fundamentais, as oportunidades e as possibilidades de vida e, acima de tudo, a dignidade da vida, que também são bens primários, estão essencialmente ligados a ela. Ela é um bem que inclui ações, processos e estados que envolvem pessoas, coisas, instituições, conhecimentos, habilidades, atitudes, valores. Isso não cabe em poucos parágrafos, por mais bonitos que sejam. Educação não rima com simplificação. Temos que ter a humildade e a atenção necessária para *ver* os problemas e as ambiguidades educacionais a partir de uma perspectiva mais ampla. Foi por isso que começamos com as observações simples e generosas de Arendt e Kant. Foi a partir delas que chegamos a uma visão da educação, da Pedagogia, da didática, da escola e do currículo como áreas de realizações humanas intrinsecamente ligadas aos portais simbólicos que atravessamos.

Temos que *reconhecer* a dificuldade de temas como a autoridade da família e da escola, a natureza política da educação, a questão das relações entre professores, estudantes e a disciplina, o compromisso com a formação integral *e* a profissionalização, a extensão e o tipo de currículo que executamos nas escolas, as formas de ensino e avaliação, a padronização e o respeito à individualidade dos estudantes, a padronização e o respeito às características regionais dos currículos. Cada um desses tópicos traz consigo dezenas de perguntas. A lista é grande, o tempo é pouco e maior ainda é a tentação de pensar sobre esses temas a partir da imaginação de um passado em que tudo era melhor, ou que tudo era ruim, dependendo do jeito de ver e tocar o bicho.

A educação escolar é uma atividade que nos obriga a prestar atenção a muitas coisas ao mesmo tempo: nas relações entre os professores e as crianças, entre os professores e o saber, entre as crianças e os conhecimentos, entre as próprias crianças. Há também as relações entre esses elementos e a família, a sociedade, a política, as leis e a história, sem esquecer a presença e os interesses das instituições religiosas, empresariais e corporativas. Não é possível tratar todos esses temas neste capítulo final, mas não há como desviar de alguns deles, em especial das relações entre educação e política e a questão da autoridade e da responsabilidade na educação. Esses temas nos levarão a outros.

A EDUCAÇÃO E O JUÍZO HUMANO NORMAL

Meu ponto de partida aqui é, mais uma vez, uma reflexão de Hannah Arendt. No escrito de 1958, "A crise na educação", o diagnóstico que ela oferece é familiar. O principal indicador da crise na educação, diz ela, é o declínio crescente nos padrões do sistema educacional. Estamos acostumados a ouvir que muitas crianças saem da escola sem saber ler direito, e que isso não acontecia "antes". Temos que falar mais sobre esse "antes". É preciso lembrar que a escola, até o começo do século passado, era para poucos. A expansão do sistema escolar ainda hoje é um desafio social que nem sempre é corretamente enfrentado pela política.

A crise na educação, diz Arendt, foi uma situação que surgiu com as sociedades de massa. Os exemplos que ela discute são dos Estados Unidos e da Europa e não se restringem às dificuldades com o aprendizado da leitura. O que se esperava de uma educação que não era mais apenas para a elite é que ela desempenhasse um papel maior na constituição de uma nova ordem social, em especial na realização de ideais de igualdade de oportunidades.

Não tenho espaço para reconstituir a atmosfera dos debates sobre o novo papel que se esperava da educação. As "novas teorias pedagógicas" foram motivo de atenção até mesmo de uma encíclica papal, a de Pio XI, de 1929, sobre o direito da família a educar seus filhos. Pio XI, ao defender o espaço da família, viu-se obrigado a reconhecer a necessidade de complementação dela pela escola. A família, escreveu ele, "não possui em si todos os meios para o próprio aperfeiçoamento", que somente existem na sociedade civil, que é o espaço de vida da escola.

As novas teorias pedagógicas foram recebidas com sentimentos opostos, de entusiasmo e de preocupação. A recepção entusiasmada dos progressistas aconteceu por conta do apelo em favor do aprendizado a partir dos interesses das crianças; a preocupação surgiu pela mesma razão. Na descrição de Hannah Arendt, foi uma época na qual as teorias pedagógicas abandonaram as regras do juízo humano normal (Arendt, 1972: 227). Foi uma época na qual o senso comum desapareceu, diante do problema de educar em uma sociedade de massas.

Quais foram os problemas das teorias pedagógicas com as regras do juízo humano normal? Na América surgiu a idealização do mundo da criança, mediante a diluição da distinção entre o prazer e o esforço, entre o brinquedo e o trabalho. O mundo da infância foi absolutizado e as relações entre o adulto e a criança, que no juízo humano normal são de igualdade assimétrica, se embaralharam. Surgiu a visão do professor como facilitador ou mediador de aprendizagens e, com isso, uma atmosfera que diminuiu a autoridade da própria escola. As ditaduras e as tiranias procuraram monopolizar a educação, para fins de doutrinação, e, com isso, produzir um novo homem, uma nova mulher e um novo mundo a partir de uma prancheta de filosofia.

O que é esse "juízo humano normal"? É falta de juízo, diria Hannah Arendt, educar crianças de acordo com o plano dos filósofos, e imaginar que as crianças devem decidir o que, quando e como devem aprender. O juízo normal nos diz que a escola não é o mundo: ela é uma instituição que apresenta o mundo, em um espaço de transição no qual seres humanos em desenvolvimento, que exigem cuidados, podem desenvolver qualidades e talentos pessoais.

Diante disso era preciso refletir sobre a natureza necessária e elementar da educação, sobre a essência da educação: "a essência da educação é a natalidade, o fato de que seres nascem para o mundo" (Arendt, 1972: 223).

UMA ÁREA PRÉ-POLÍTICA

A escola é um espaço de transição entre a família e a sociedade. O ponto de partida dessa concepção é outro juízo comum: a educação das crianças é uma área pré-política. Na família e na escola há uma assimetria natural entre adultos e crianças. Cabe a eles, sem reciprocidade, o cuidado delas.

A autoridade dos pais não surge de um acordo com o bebê, mas do fato trivial que os pais devem cuidar das crianças, que a confiança da criança em seus pais não está baseada em um contrato. As crianças confiam em seus cuidadores de uma forma parecida com aquela na qual o crente confia em Deus. As relações políticas, ao contrário, estão baseadas na crítica permanente, em convenções e contratos e, por isso mesmo, em relações pautadas pelo ideal de igualdade simétrica. A igualdade que há entre pais e filhos, mestres e estudantes, é assimétrica, pré-política, porque está baseada na diferença entre o mundo dos adultos e o mundo das crianças, e isso não depende de convenções ou contratos.

A autoridade dos pais ou cuidadores tem sua raiz em fatos muito gerais, situados entre a natureza e a cultura: a estabilidade das uniões, a importância do cuidado humano e da antecipação. A autoridade da escola também se enraíza em fatos muito gerais: as famílias podem ser autossuficientes em casa, comida e roupa lavada, mas raramente podem prover as crianças com os conhecimentos que elas vão precisar no vasto mundo que fica cada vez mais complicado. Assim, a escola é instituída como o espaço de transição que oferece não apenas a formação que a família sozinha não tem condições de dar, mas também o espaço de socialização que simula a complicação do mundo. Dentro da escola, a criança começa a viver uma realidade diferente da casa e da rua, pois ali o puxão no cabelo, vivido em casa ou na rua, não é aceito e chama-se *bullying*. A criança experimenta a igualdade simétrica, em um espaço que não é melhor nem pior do que as vivências em casa e na rua, e sim diferente e essencial para sua formação.

Na sugestão do filósofo Hegel, a educação escolar é um espaço de renascimento, no qual a vida familiar da criança se transforma em uma vida espiritualmente ampliada, pois ela é levada a considerar o ponto de vista das demais famílias, reunidas na sociedade.

A POLÍTICA E A EDUCAÇÃO

O *Dicionário de política*, de Norberto Bobbio, informa que política "significa tudo o que se refere à cidade e, consequentemente, o que é urbano, civil, público, e até mesmo sociável e social" (Bobbio, 1986: 954). Vamos tomar essa definição como um ponto de partida para examinar as diferenças e as semelhanças entre a educação e a política. Vimos que as relações dentro de casa e na escola devem ser consideras pré-políticas, porque há uma hierarquia evidente entre o adulto e a criança nos aspectos do cuidado humano. Os bebês não cuidam de si mesmos, as crianças não são consideradas pessoas plenas, pois elas não podem ser responsabilizadas pelos seus atos do mesmo jeito que fazemos com os adultos. As crianças são prisioneiras delas mesmas, de suas vontades imediatas e saltitantes. Elas não são livres, especialmente no sentido político da palavra, porque não podem, por assim dizer, mandar nelas mesmas e andar sozinhas pela cidade. Essa metáfora deveria bastar para que não houvesse confusão entre o domínio da educação e da política, mas temos que ir mais adiante, pois, seguindo a metáfora do passeio, a casa e a escola da criança estão *na* cidade. Precisamos aqui de mais essa distinção, entre a política em sentido estrito e em sentido amplo.

A política, em sentido estrito, acontece entre os adultos e pressupõe um terreno comum entre as pessoas, que começa na linguagem proposicional, que é uma de suas condições. A definição tradicional do ser humano como *animal político* e *animal racional* indica uma coisa só: que a vida política é a busca de entendimento sobre o que nos convém como justo e injusto, bom e mau. A igualdade simétrica entre as pessoas é um pressuposto para esse tipo de conversa. Na relação pedagógica, o objetivo é a passagem de uma herança cujo inventário é complicado.

Essa diferença essencial entre a educação e a política não elimina uma relação importante entre elas, em sentido amplo, pois a casa e a escola ficam na cidade. É correto dizer que elas estão *dentro* da política, que a relação pedagógica, familiar ou escolar, acontece em um ambiente regulado pela política, em formas e intensidades que variam historicamente, mas não se confundem necessariamente com ela. A outra relação, ainda mais importante, é que a política, como uma área da experiência e da realização humana, precisa ser objeto de conhecimento na sala de aulas. Ela é uma das partes mais importantes da herança a ser transmitida pela educação: o que pensamos e sabemos sobre o que é urbano, civil, público, social, na vida da cidade. A política entra na sala de aula nesse sentido amplo, pela mão da didática, e sem confusões entre a relação pedagógica e a relação política.

O SOCIAL E O POLÍTICO

Como podemos relacionar esses dois sentidos da política com a educação, especialmente com a educação escolar? A educação escolar tem uma dimensão social que é independente da política, na medida em que nenhum grupo social pode deixar de providenciar oportunidades de educação para seus descendentes, independentemente do regime político em vigor. Os mais velhos precisam instruir os mais novos, sempre e em toda parte. Por outro lado, o crescimento da divisão do trabalho, do conhecimento e da urbanização, gerou novas formas de identificação e pertencimentos, e situações de vida que escapam às decisões exclusivas das famílias, dos clãs, das tribos. Essas situações trazem desafios para a educação como um todo. A família ficou enfraquecida como fonte exclusiva de formação e surgiram componentes políticos mais claros na formação humana, sem que ela perdesse sua dimensão social.

Como diria Hannah Arendt, a educação tem uma *dupla face* (Arendt, 2021: 513). Isso quer dizer que está *fora* da discussão política o direito das pessoas a uma educação ou a uma moradia decente. Isso faz parte da dimensão social. Por outro lado, é preciso discutir, politicamente, *como* se faz isso, como chegaremos a isso. Essa distinção entre a dimensão social e política da educação está baseada na própria condição

Filosofia da Educação

humana. É evidente que a linha que separa essas duas áreas é frágil e sujeita a mudanças, mas não pode ser esquecida.

Há um sentido restrito da política, que inclui os partidos políticos. Os professores e as professoras têm preferências partidárias e eleitorais, mas elas devem ficar de fora das aulas, sob pena de que cada escola venha a ser palco de comícios ocultos. Os objetivos da escola não incluem o acolhimento das tempestades de paixões políticas dos adultos. Se nenhum aspecto da vida humana escapa dessa política, renuncia-se à noção de vida particular, privada.

EDUCAÇÃO E PESSOAS

Volto agora ao tema da diferença essencial entre os adultos e as crianças, do ponto de vista pedagógico. O adulto não pode tratar a criança de igual para igual, no sentido político estrito, porque, do ponto de vista de uma Psicologia do Desenvolvimento, ela ainda não é plenamente uma *pessoa*. Há outras situações parecidas. Quando alguém entra em estado de coma, e não dá sinais de consciência, deixa de ser considerado uma pessoa plena, do ponto de vista jurídico. A razão disso é que nossa *pessoalidade* tem uma conexão forte com a nossa capacidade de *ter e exercer vontades*. A escravidão, por exemplo, não impede que o escravo tenha vontades, mas tira dele a capacidade de exercê-las. Quando um ser humano é pessoa, isso supõe nele um tipo de autonomia e liberdade que permite que ele seja responsabilizado por suas ações. Assim, quando nos situamos no ponto de vista da educação e do desenvolvimento, podemos fazer essa distinção entre os direitos de um ser humano e os direitos de uma pessoa.

Vou expor de outro modo essa ideia de que a criança, até certa idade, não é uma pessoa em sentido pleno. Uma distinção importante feita pela Filosofia é aquela entre a capacidade de ter vontades, que atribuímos aos seres humanos e a certos animais, e a capacidade de *ter vontade sobre as nossas vontades*. Isso quer dizer: a capacidade que a gente tem para refletir sobre a razoabilidade de nossos desejos e vontades. Não podemos atribuir isso a um bebê, a uma criança pequena ou a alguém que sofre de drogadição. A criança "quer porque quer" e detesta adiar vontades. A pessoa plena é aquela que adquiriu a capacidade não apenas de querer *isso* ou *aquilo*, mas que tem a capacidade de pensar sobre se isso e aquilo são *razoáveis*. Ou seja, que tem a capacidade de autoavaliação (Frankfurt, 2007: 12).

Em resumo: a expressão "ser humano" descreve uma criatura biológica, indica uma espécie de ser que é encontrado no mundo das coisas. "Ser uma pessoa" é um conceito que indica nosso ingresso em uma comunidade moral. Essa expressão traz consigo uma *normatividade*, ou seja, regras de comportamento na sociedade.

A constatação desses aspectos permite aos pais e aos educadores uma nova compreensão da vida infantil, especialmente dos comportamentos que eram considerados indesejáveis, como a dificuldade infantil de autocontrole. A coordenação de ações corporais, a tomada de decisões, a fixação da atenção e a continuidade de concentração em tarefas dependem de certos níveis de amadurecimento do cérebro. Ser uma pessoa é algo que nos acontece aos poucos. O sistema nervoso passa por fases de desenvolvimento. Algumas áreas do cérebro precisam de tempo para se desenvolver, notadamente o córtex pré-frontal, que está ligado às capacidades de antecipação, planejamento, controle de impulsos.

Na tradição filosófica, ser uma *pessoa humana* significa ser capaz de ter intenções e vontades com algum nível de autocontrole. Isso é obtido mediante a fixação de hábitos, práticas, cuidados. A ausência dessas capacidades leva à irresponsabilidade e ao rebaixamento na "pessoalidade". Essas capacidades estão também ligadas à linguagem. Vou lembrar aqui o que vimos na discussão sobre os portais simbólicos. O uso da linguagem de uma forma consequente com o significado dos conceitos faz parte dos comportamentos razoáveis de uma pessoa. As palavras não são meros rótulos das coisas, e falar português é dispor de um sistema de organização da gente e das coisas, pois os conceitos veiculados nas palavras são dispositivos públicos de classificação.

A linguagem nos coloca no circuito humano da comunicação que permite compreender o que outras pessoas dizem. Com isso começamos a nos ver de fora da gente mesmo; é como se a gente pudesse se enxergar com os olhos do outro. É nesse momento que começamos a ser, no sentido pleno da palavra, uma *pessoa*; começamos a tratar o outro como *outro eu,* como outra mente; começamos também a compreender a diferença entre o que imaginamos e o que é a realidade.

Ser uma pessoa significa ser capaz de tratar os demais seres humanos como pessoas e exigir o mesmo para nós, e essa capacidade requer alguns sentimentos que os bebês e as crianças pequenas não dispõem, como a capacidade de sentir vergonha ou culpa. Esses afetos são tardios e sofisticados, como também o cinismo, a hipocrisia, a "vergonha alheia". Eles dependem de que a gente tenha essa noção de outra mente igual à nossa. Esses processos são de natureza psicológica e social, e não de tipo político. A consciência política somente surge em criaturas que passam por essas situações de desenvolvimento humano.

Ser uma pessoa não é o resultado de desenvolvimentos de tipo orgânico. Ser uma pessoa é um *ideal* e um *valor* simultaneamente *transparente* e *opaco*. O desenvolvimento da empatia, por exemplo, depende de ver na face do outro os afetos de alegria, dor, sofrimento. Isso é transparente. Por outro lado, os códigos sociais e jurídicos que eventualmente apoiam os direitos humanos são realizações históricas e sociais de justiça. Eles se materializam em regras como a de que um olho paga por outro, como pregam certos códigos jurídicos mais elementares. Em outros códigos, que resultam de consensos jurídicos mais complexos, pode surgir a ideia de que somos todos iguais perante uma lei. As leis, especialmente as escritas, são opacas, precisam de leitura e de interpretação para ser aplicadas. O rosto humano, quando conseguimos vê-lo sem cinismo, é transparente.

Aristóteles disse que as crianças são educadas para que venham a ter as capacidades e as virtudes que não surgem naturalmente nos corpos e nas almas, como ter uma profissão, tocar violão, serem generosas e identificadas com as outras pessoas. Essas qualidades somente são adquiridas pela criança mediante exercícios, práticas e vivências conjuntas. Nós nos tornamos justos ou generosos na medida em que praticamos atos justos e generosos. Ele acrescentou que a educação tem como objetivo o cultivo de nossa capacidade de fazer bons juízos. Quando isso acontece, fixa-se em nós a disposição de tentar viver de acordo com o que há de bom no mundo: o senso de justiça, cânticos, um céu estrelado, sabores e olhares, palavras e ações que inspiram. É o que temos e não é pouco.

Textos complementares

Educação e autoridade (Hannah Arendt)

No âmbito político tratamos unicamente com adultos que ultrapassaram a idade da educação propriamente dita, e a política, ou o direito de participar da condução dos negócios públicos começa precisamente onde termina a educação. [...] Reciprocamente, em educação lidamos sempre com pessoas que não podem ainda ser admitidas na política e na igualdade, por estarem sendo preparadas para elas.

O que nos diz respeito, e que não podemos, portanto, delegar à ciência específica da pedagogia, é a relação entre adultos e crianças em geral, ou para colocá-lo em termos ainda mais gerais e exatos, nossa atitude face ao fato da natalidade: o fato de todos nós virmos ao mundo ao nascermos e de ser o mundo constantemente renovado mediante o nascimento. A educação é o ponto em que decidimos se amamos o mundo o bastante para assumirmos a responsabilidade por ele e, com tal gesto, salvá-lo da ruína que seria inevitável não fosse a renovação e a vinda dos novos e dos jovens. A educação é, também, onde decidimos se amamos nossas crianças o bastante para não as expulsar de nosso mundo e abandoná-las a seus próprios recursos, e tampouco arrancar de suas mãos a oportunidade de empreender alguma coisa nova e imprevista para nós, preparando-as em vez disso com antecedência para a tarefa de renovar um mundo comum. (1972: 247)

Por amor ao mundo (Martha Nussbaum)

O lugar onde acidentalmente nascemos é isso, um acidente; qualquer ser humano poderia ter nascido em qualquer nação. [...] Não devemos permitir que as diferenças de nacionalidade, de classe ou de pertencimento étnico ou até mesmo de gênero, sejam barreiras entre nós e os outros seres humanos. Devemos reconhecer a humanidade onde quer que ela ocorra e dar aos seus ingredientes fundamentais, a razão e a capacidade moral, nossa primeira lealdade e respeito. (2002: 7)

O coração das crianças é sempre grande demais (Cecília Meireles)

Porque a escola tem de ser o território mais neutro do mundo. Pode ser que os homens de hoje tenham o direito de combater outros homens de hoje. Mas, porque assim é, não se vai admitir que as crianças de hoje devam preparar-se, desde já, para, quando forem grandes, continuarem as lutas que seus pais não tiveram tempo de concluir. As conferências de desarmamento, se quiserem ser úteis, têm de começar nas escolas, nas palavras e nos atos dos professores, principalmente nos atos, porque falar já quase não vale a pena... Têm de começar pela extinção do jacobinismo no coração dos adultos – porque o coração das crianças é sempre grande demais para abranger uma pátria só. (2017: 44)

Bibliografia

ADORNO, Theodor W. *Educação e emancipação*. Trad. Wolfgang Leo Maar. Rio de Janeiro: Paz e Terra, 2020.

ARENDT, H. *Entre o Passado e o futuro*. Trad. Mauro W. Barbosa. São Paulo: Perspectiva, 1972.

_____. *A vida do espírito*. Trad. Antônio Abranches, Cesar Almeida e Helena Martins. Rio de Janeiro: Relume Dumará/Ed. UFRJ, 1992.

_____. *Pensar sem corrimão. Compreender. 1953-1975*. Trad. Beatriz Andreiuolo, Daniela Cerdeira, Pedro Duarte e Virginia Starling. Rio de Janeiro: Bazar do Tempo, 2021.

ARISTÓTELES. *Ética a Nicômacos*. Trad. Mário da Gama Kury. Brasília: Ed. UnB, 1985.

BAIER, Anette. *Postures of the mind*: Essays on Mind and Morals. Minneapolis: University of Minnesota Press, 1985.

BENTHAM, Jeremy. *Chrestomathia*. Oxford: Clarendon Press, 1993.

BERNSTEIN, Basil. *Pedagogy, Symbolic Control and Identity*: Theory, Research, Critique. Revised Edition. London: Rowman & Littlefield Publishers, 2000.

_____. *Class, Codes and Control* – Vol. I. Theoretical Studies towards a Sociology of Language. London/ New York: Routledge, 2003.

BOBBIO, Norberto; MATTEUCCI, Nicola; PASQUINO, Gianfranco. *Dicionário de Política*. Brasília: Ed. UnB, 1986.

BOURDIEU, Pierre; PASSERON, Jean Claude. *A reprodução*: elementos para uma teoria do sistema de ensino. Petrópolis: Vozes, 2008.

CAMERON, Lynne; LOW, Graham. Metaphor. *Language Teaching*, v. 32, n. 2, 1999, pp. 77-96.

CARROLL, Lewis. *Aventuras de Alice no País das Maravilhas*. Trad. Sebastião Uchoa Leite. São Paulo: Summus, 1980.

CASTORIADIS, Cornelius. *A instituição imaginária da sociedade*. Trad. Guy Reynoud. Rio de Janeiro. Paz e Terra, 1982.

CAVELL, Marcia. *Becoming a Subject*: Reflections in Philosophy and Psychoanalysis. Oxford: Clarendon Press, 2006.

CAVELL, Stanley. *The Claim of Reason*: Wittgenstein, Skepticism, Morality and Tragedy. Oxford/New York, 1982.

COMÉNIO, João Amós. *Didáctica Magna*. Trad. Joaquim Ferreira Gomes. Lisboa: Fundação Calouste Gulbenkian, 1976.

DEWEY, John. *Experience and Education*. New York: Touchstone, 1997.

_____. *A escola e a sociedade*: a criança e o currículo. Trad. Paulo Faria, Maria João Alvarez e Isabel Sá. Lisboa: Relógio D'Água, 2002.

DURKHEIM, Emile. *Educação e Sociologia*. Trad. Nuno Garcia Lopes. Lisboa: Ed. 70, 2007.

FRANKFURT, Harry. *The Importance of What We Care About*: Philosophical Essays. Cambridge: Cambridge University Press, 2007.

FREUD, S. *Edição standard brasileira das obras psicológicas completas de Sigmund Freud*. Trad. Jayme Salomão e José Octávio de Aguiar Abreu. Rio de Janeiro: Imago, 1974, v. XIX e XXIII.

GRISI, Rafael. *Didática mínima*. São Paulo: Companhia Editora Nacional, 1963.

Filosofia da Educação

GUEVARA, Ernesto "Che". *El Socialismo y el Hombre Nuevo*. Mexico: Siglo XXI, 1979.

HAVELOCK, Eric A. *A revolução da escrita na Grécia e suas consequências culturais*. São Paulo: Editora da Universidade Estadual Paulista; Rio de Janeiro: Paz e Terra, 1996.

JACKSON, Philip W. *La vida en las aulas*. Trad. Guillermo Solana. Madrid: Morata, 2010.

JASPERS, Karl. *Origen y meta de la historia*. Trad. Fernando Vela. Madrid: Revista de Occidente, 1953.

KANT, Immanuel. *Sobre a Pedagogia*. Trad. Francisco Cock Fontanella. Piracicaba: Editora Unimep, 1996.

LAKOFF, George; JOHNSON, Mark. *Metáforas da vida cotidiana*. Tradução Grupo de Estudos da Indeterminação e da Metáfora sob a coordenação de Mara Sophia Zanotto e pela tradutora Vera Maluf. Campinas: Mercado de Letras, 2002.

LATOUR, Bruno. *Onde aterrar?* Como se orientar politicamente no Antropoceno. Rio de Janeiro: Bazar do Tempo, 2020.

LISPECTOR, Clarice. *A paixão segundo GH*. Rio de Janeiro: Nova Fronteira, 1986.

LOCKE, John. *Some thoughts concerning education*. London: J. and R. Tonson, 1779.

MAZOWER, Mark. *O continente das trevas*: o século XX na Europa. Trad. Pedro Elói Duarte. Lisboa: Edições 70, 2020.

MEIRELES, Cecília. *Crônicas de educação*. São Paulo: Global, 2017, v. 2 e 3.

MILL, John Stuart. *Collected Works of John Stuart Mill*. London: Toronto and Buffalo University of Toronto Press/Routledge & Kegan Paul, 1984, v. XXI.

MONTAIGNE, Michel. *Ensaios*. Trad. Sérgio Milliet. São Paulo: Abril Cultural, 1972.

MONTESSORI, Maria. *A mente da criança*: mente absorvente. Trad. Jefferson Bombachim. Campinas: Ed. Kírion, 2020.

NOË, Alva. *Strange Tools*: Art and Human Nature. New York: Hill and Wang, 2015.

NUSSBAUM, Martha. *For Love of Country*. Boston: Beacon Press, 2002.

ONG, Walter J. *Ramus, Method, and the Decay of Dialogue*. Cambridge. Harvard University Press, 1958.

_____. *An Ong Reader. Challenges for further Inquiry*. New Jersey: Hampton Press, 2002a.

_____. *Orality and Literacy*: The Technologizing of the world. London: Routledge, 2002b.

PIO XI. *Carta Enciclica Divini Illius Magistri*. Libreria Editrice Vaticana. Disponível em: <https://www.vatican.va/content/pius-xi/pt/encyclicals/documents/hf_p-xi_enc_31121929_divini-illius-magistri.html>. Acesso em: 22 out. 2021.

ROCHAT, Philippe. *The Infant's World*. Cambridge: Harvard University Press, 2004.

ROUSSEAU, J.-J. *Emílio ou Da educação*. Trad. Roberto Leal Ferreira. São Paulo: Martins Fontes, 2004.

RUSSELL, Bertrand. *Ensaios céticos*. Trad. Marisa Motta. Porto Alegre: L&PM, 2008.

SHAKESPEARE, William. *Romeu e Julieta*. Trad. José Francisco Botelho. São Paulo: Penguin Classics/Companhia das Letras, 2016.

SLOTERDIJK, Peter. *Tens de mudar tua vida*: sobre antropotécnica. Trad. Carlos Leite. Lisboa: Relógio D'Água, 2018.

SMITH, Adam. *An Inquiry into the Nature and Causes of the Wealth of Nations*. Chicago: University of Chicago Press, 1977.

TEIXEIRA, Anisio. *Pequena introdução à filosofia da educação*. São Paulo: Companhia Editora Nacional, 1978.

THOREAU, H. D. *Walden*. Trad. Denise Bottmann. Porto Alegre: L&PM, 2011.

TUGENDHAT, Ernst. *Não somos de arame rígido*. Canoas: Ed. ULBRA, 2002.

_____. *Lições sobre ética*. Trad. Róbson Ramos dos Reis e outros. Petrópolis: Vozes, 2003.

VYGOTSKY, L. S. *Pensamento e linguagem*. Trad. Jefferson Luiz Camargo. São Paulo: Martins fontes, 1993.

WALLON, Henri. *As origens do pensamento na criança*. Trad. Doris Sanches Pinheiro e Fernanda Alves Braga. São Paulo: Manole, 1989.

WEIL, Simone. *O enraizamento*. Trad. Maria Leonor Loureiro. Bauru: Edusc, 2001.

WINNICOTT, D. W. *O ambiente e os processos de maturação*. Trad. Irineo Constantino Schuch Ortiz. Porto Alegre: Artmed, 1983.

WITTGENSTEIN, L. *Da certeza*. Trad. Maria Elisa Costa. Lisboa: Edições 70, 1990.

YOUNG, Michael F. D. *Conhecimento e currículo*: do socioconstrutivismo ao realismo social na sociologia da educação. Trad. Jorge Ávila de Lima. Porto: Porto Editora, 2010.

O autor

Ronai Rocha é doutor em Filosofia pela Universidade Federal do Rio Grande do Sul (UFRGS) e professor da Universidade Federal de Santa Maria (UFSM), onde foi pró-reitor de graduação. Desde o início de sua vida profissional pesquisa temas ligados à educação. Pela Contexto é autor dos livros *Quando ninguém educa* e *Escola partida*.

GRÁFICA PAYM
Tel. [11] 4392-3344
paym@graficapaym.com.br